MLB30球団戦略の教科書

メジャーリーグは移籍・補強が面白い

【監修】116 Wins

マイナビ

はじめに

ＭＬＢ関連の情報をお届けするYouTuberの「１１６Ｗｉｎｓ」と申します。２０２４年３月、私は初めての書籍「メジャーリーグは知れば知るほど面白い　人気野球YouTuberが教えるＭＬＢ観戦ガイド」（マイナビ出版）を出版いたしました。前回の本はメジャーリーグ初心者の方も読める入門編といいますか、「メジャーリーグ」という趣味の扉の前に立っている方にドアを開ける、あるいは扉まで達してない方には道標となる本であったと思います。

今回のテーマは、そのドアを開いた先の楽しみ方をお伝えできればと思っています。野球全般にいえることではありますが、メジャーリーグと一口に言っても、いろいろな楽しみ方があります。そのうちの一つが、メジャーリーグならではの「移籍市場」。移籍が非常に活発であることがメジャーリーグの大きな特徴です。本書では、その面白さをお伝えできればと考えております。

移籍市場の情報を追いかけると、さまざまな情報に良くも悪くも一喜一憂できる。日々のワクワクにつながります。とくに、移籍が活発な時期には状況が刻々と変わる。アメリカから遠く離れた日本にいても、アメリカン・リーグ、ナショナル・リーグそれぞれの勢力図が少しずつ変化していく様子を肌で感じることができます。そして、自分であればチーム編成をどう考えるか、どんな選手が必要で、誰を放出し、獲得するのか——。そういったところまで思考を巡らせると、受動的な趣味であるはずの野球観戦自体が、ちょっと能動的な趣味に変わってきます。

日本にはNPB、つまり「プロ野球」と呼ばれるものがありますが、日本だけの12球団に限られた世界でもある。転じて世界の野球をみると、さまざまプレースタイル、契約関連の選手のいろいろな動きがあります。

世界は広い。野球が好き、野球観戦が好きというなかでメジャーリーグに目を向けていくと、さらに世界の広がりを身近に感じる第一歩になると思います。

116Wins

CONTENTS

第3章

ナ・リーグ各球団の戦略徹底解説

第4章

永久保存版！116Wins的「全30球団まとめ」「観戦用語」

※日付は現地時間。アスレチックスは2024年11月4日をもって、
球団名から地域名「オークランド」を外したため、それに準拠

CONTENTS

写真：アフロ、AP/アフロ、USA TODAY Sports/ロイター/アフロ

第1章

メジャーリーグの移籍・補強は「大会社MLB」の“人事異動”

移籍市場
2025

MLBは「編成」が面白い！ 活発なキャッチ&リリースは「人事異動」

■適材適所とミスマッチを楽しむ

MLBを観るうえでの醍醐味は、試合以外では「移籍市場」を追うことにあります。もちろん、NPBのストーブリーグを見ていても、「あの選手はきっとあのチームへ」と想像をふくらませることはできると思いますが、移籍の件数自体、そして流動性も含めて非常に少ない。想像してもなかなか現実のものにならないと、想像自体もしにくい。

一方で、**MLBは基本的にはどんな選手であっても移籍の可能性があります**。「やっぱり、このチームのこういう選手は、いろんな事情や背景を考えると動く可能性があるから、自分が好きなチームにフィットするかもね」などと、想像というか予測を立てていくことはしやすいでしょう。

一般社会にたとえると、日本の伝統的企業、いわゆる「ＪＴＣ」における**「会社の人事異動」を予想することと最も近い**と思います。私も会社員なので、同僚と「来年の人事異動はどうなるのかな」「この人はそろそろ異動するんじゃないかな？」と話すことはよくあります。会社員だったら一度は頭をよぎるものですよね。

メジャーリーグの移籍市場を予想、観察することは、それに近い。しかも、人事異動の話は面白いじゃないですか。別に自分が人事部の担当者でもないのに、誰しも「やっぱり、あの人はそろそろ異動だよね」「あの人がこの部署にいたらいいのになあ」なんて、話すと盛り上がる。

ＭＬＢ全30球団は組織としてそれぞれの球団が独立していますが、**「ＭＬＢ」という巨大な会社のなかに、支社や部署として「球団」がある。そうイメージしてみてはどうでしょうか。**活発な選手の移籍は「ＭＬＢにおける人事異動」であり、その部署間で適材適所の異動、もしくは「いや、そこじゃないでしょ」というミスマッチも起こる。部署としては中堅層の人材を求めているのに、ニーズに合っていない人が異動してくることも会社ではよくありますよね。

会社では人事部と自分の考えが完全に合致することなんてありませんし、MLB各球団のフロントとファンの関係性においても同様だと思います。ファンは「絶対にこうだろう」と思っても、フロントは必ずしもそうするわけではない。フロントのほうがデータなどの情報をたくさん持っているので、何らかの根拠や理由、やむにやまれぬ事情があって総合的に判断してくる。観ている側と当事者との間にある、そういったズレもまた面白い。

もしも自分がゼネラルマネジャー（GM）だったら——アメリカでは、実在の選手を編成して仮想チームをつくることができるオンラインゲーム「ファンタジーベースボール」がおなじみです。これはまさに、自分がGMとなって選手を選び、自分だけのチームを組んで、その選手たちの現実の成績をもとにほかのプレーヤーと競っていくゲーム。自分がGMのような視点で選手を編成していくという面白味が、かなり一般化されてきています。

ただ、この**MLBの移籍市場の面白さを身近なことに置き換えるとしたら、「人事異動」のほうが適切**ではないかと思う次第です。

■冬を最も熱くした超目玉 ソト

このオフの移籍市場で最も盛り上がったポイントは、何といってもファン・ソトの移籍先でしょう。25歳の若さでオールスター4度出場、シルバースラッガー賞5度受賞の超目玉選手であり、所属していたニューヨーク・ヤンキースはもちろん、ニューヨーク・メッツ、ロサンゼルス・ドジャースの3球団がどこまでお金を出す用意があるのかという点を非常に楽しみにしていました。

私の事前予想としては、7億ドル（1085億円）は超えないだろうと。前オフにエンゼルスからドジャースへ移籍したときの大谷翔平選手の金額は超えないと踏んだわけです。大谷選手の「97％後払い」のような大幅な後払いをソトが選択するとは思えない。総額は5～6億ドル（約780～930億円）ぐらいで、現在価値ベースで大谷選手を上回る契約にはなると考えていました。

それが、予想以上にヒートアップ。予想していた3球団のほかにボストン・レッドソックスも参入してきましたし、お金持ちの球団がかなりの準備をしていたのです。

ソトは2025年が26歳シーズン。活躍を続ければ**将来は殿堂入りするような選手が、この若さで、かつ全盛期にFA市場に出てくることは基本的に考えられません。**

似たようなケースでは2018年オフ、シーズンMVP2度受賞の天才打者ブライス・ハーパー（フィリーズ）と強打の三塁手マニー・マチャド（パドレス）が同じように26歳を迎えるタイミングでFA市場に出てきたことがありました。いわゆる「お金持ちの球団」であっても、当時はこのオフのようにアグレッシブにお金を使っていくような方針ではありませんでした。ハーパーは13年総額3億3000万ドル（当時約369億7000万円）、マチャドは10年総額3億ドル（当時約332億円）で契約。今あらためて見てみると、「安いよね」と思うほどの金額でした。

今回、ソトを獲得したのはMLBで最も裕福なオーナーがいるメッツ。予想を裏切りませんでしたね。代理人が辣腕スコット・ボラス氏なので、金銭面を含めて条件が最も重要視されるとはいわれていました。メッツ移籍はある意味、順当だったわけです。

メッツのオーナー、スティーブ・コーエン氏がどこまでもオークションのような感じで金額をつり上げていくので、途中から「7億ドルもいくのでは」という見方も出てきました。そうか、大台までいくかと思っていたら、**最終的に7億6500万ドル（約1186億円）**。なおかつ、契約内容は期間の途中でオプトアウトができ、それに対してメッツ側が年平均400万ドル（約6億円）を追加で支払うと、オプトアウトを破棄させることが可能。ヤンキースのエース右腕ゲリット・コールの契約に近いような内容も含まれている。それ込みで考えると、**8億ドル（約1242億円）を超えます**。メッツの条件がいろいろ揃っていたことがうかがえます。

個人的には、ヤンキースも相当頑張ったと捉えています。むしろ、かなり無理をするほどのオファーはしていたようなので、ソトの残留がこのオフの最重要課題と考えていたのでしょう。絶対に残したかったと思います。

ただ、メッツの大富豪オーナー、コーエン氏はヤンキースがあきらめるまで、おそらく青天井にお金を出したと思います。そういう意味では、**ソトに「絶対にヤンキースに残りたい」という特別な思いがない限り、勝負は決していた**のでしょうね。

■MLBの〝お金持ち〟は桁違い

資金力が豊富とされるメッツとドジャース。おそらく、みなさんが想像しているところから、ゼロの桁が2〜3個ぐらい違う。段違いのお金持ちなのです。**ドジャースには他球団と段違いの放映権収益があるうえに、投資グループ「グッゲンハイム・ベースボール・マネジメント」から支援を受け**ているそうですし、**メッツはオーナーのコーエン氏が全米トップ30に入るほどの大富豪。**コーエン氏個人の資産規模は日本円なら数千億、いや、兆に届くぐらいお金を持っている。次元が違うんです。

だから、メッツがソトと契約した7億6500万ドル、日本円で今なら1000億円を超える額も、**コーエン氏の純資産200億ドル（約3兆1000億円）からすると、もう〝誤差〟でしかない。**獲得を熱望している選手にはいくらでもお金を出すことができて、それに見合うだけの資産も持っているのです。

MLBは30球団ありますから、みながみなメッツやドジャースのような金満球団ではありません。**今回のソトの契約総額7億6500万ドルですが、これはおそらくMLBのオーナー数人の純資産を上回る**ともされます。

MLBのなかでも、「お金のあるチーム」と「お金のないチーム」が明確に分かれ、経済格差が生まれています。その背景には、各地域でのMLB中継を担っていた「バリースポーツ」（現ファンデュエル・スポーツ・ネットワーク）を運営する「ダイヤモンド・スポーツ。グループ（DSG）」が2023年に破産申請し、〝放映権バブル〟が弾けたことが挙げられます。放映権料で稼いでいくビジネスモデルは完全に崩壊し、かなり多くのチームが補強費にもあまり予算を割けない、などという景気の悪い話も聞こえてきます。かたや、ドジャースやメッツのようにマーケットが大きく、収益基盤も盤石な球団はソトにもプロスポーツ選手史上最高額の契約を出すことができる。**このオフは、格差が浮き彫りになった冬でもありました。**

アメリカでもNBAやNFLは、チームの年俸総額に一律の上限を設ける「サラリーキャップ制度」を採用しています。これを「ハードキャップ」と呼びますが、MLBはどちらかというと「ソフトキャップ」。MLBではチームの総年俸「ペイロール」が一定の額を超えると、ぜいたく税を支払うことになりますが、支払えば別に超えてもいいわけです。払えば済むという意識は、私たちの身近なところでも起こり得ることです。以前、イスラエルで保育園のお迎え時間に遅れた保護者に罰金を科したら、逆に遅刻が増えたという話がありました。ぜいたく税もそれに近い部分があって、**課徴金を払えばいくらでも補強していいという裏返し**でもあります。

ぜいたく税について、そういう捉え方をしているチームがドジャースとメッツ。今回のソトのように26歳の若さでFA市場に出てくるプレミアムな選手をどうしても獲得したい場合、全力で獲得戦線に参加してきますし、そのアドバンテージは取りにいくわけです。

ヤンキースはこれまで、豊富な資金力を生かした札束攻勢から「悪の帝国」と呼ばれてきましたが、最近はその印象が薄まってきています。2000年代はFA獲得戦線で大暴れしていましたが、近年は予算を定め、リスクとリターンをしっかり考えて動いている。

ドジャース相手に大谷選手獲得戦線で結局は負けましたし、山本由伸投手でも負けている。かつてのようにスター選手にはどんどん手を挙げるという感じではなくなりました。

逆に、前オフはドジャースが大暴れしていたので「悪の帝国」と言われて今想像する球団は、どちらかというとドジャース。お金を使って大物選手を獲得して、結果として世界一になっているわけですが、この冬も「悪の帝国」感はドジャースのイメージでした。

■各球団の主なオフの動き

選手をバンバン獲得するチームもあれば、動かないチームもあります。昨季MLBワーストの121敗を喫したホワイトソックス。昨季エース格として活躍したギャレット・クロシェをトレードで放出するなど、再建のフェーズに入っていきます。

2020〜2021年頃のホワイトソックスにはいい若手選手がたくさんおり、未来が明るいチームでした。でも、**名物オーナーのジェリー・ラインズドルフ氏主導の判断を重ねてから、チームがおかしな方向へ。**2011年カージナルスを最後に10年以上監督を務めていなかったトニー・ラルーサ氏を監督として招へいしました。オーナーとすごく仲が良かったから連れてきたようですが、これでチームが崩壊。さらに、今のMLBは分析に注力しないと他球団に大きな後れを取る時代なのに、オーナーが分析に否定的なスタンスであり、分析部門自体が機能していなかったことが報道されています。

データ分析ではホワイトソックスのほかに、ロッキーズもあまり注力していないと報道されることも。ＭＬＢのなかで、分析部門が最少人数の球団の一つとされています。分析部門への力の入れ方には、球団によってかなり濃淡があるようです。

パイレーツも２０１０年代中盤に「ビッグデータベースボール」で鳴らしましたが、そこからなかなか脱却できなかった時代もありました。自分たちが生み出した最先端に執着するあまり、次の最先端に追いつけなかったのでしょう。

カージナルスも名門球団だからこそなのですが、古い価値観にとらわれ過ぎている感があります。「カージナル・ウェイ（カージナルス流）」を大切にするあまり、後れを取っていた選手育成を変えていこうという方針が出ています。また、ペイロールを削減し、育成に舵を切るとも。チームとして転換期を迎えています。

ＭＬＢ全球団が最先端をいっているわけではないのです。

個人的に結構驚いたというか、めちゃくちゃ頑張っているなと思ったのがアスレチックスです。ご存じ、貧乏球団。あまりお金を使わせてもらえないチームですが、このオフはメッツで昨季先発していた**ルイス・セベリーノを3年総額６７００万ドル（約１０４億円）で獲得**しました。これは**アスレチックス史上最高額**です。

アスレチックスでは、若手の野手が伸びてきています。一方で、先発はもう少し強化したいところだったので、セベリーノはすごくいい補強。アスレチックスにとっては高い出費だけれど、チームにとって必要なところをドンピシャで埋めてきました。

まさかこれほどお金を使ってくるなんてと思っていたところ、収益分配との関係が大きかったようです。ＭＬＢには稼ぎのいいチームが収益を分配する仕組みがあり、アスレチックスは分配を受ける側。分配されたお金は、**収益分配を受けた額の１・５倍の額を総年俸に使うというルール**があるようです。それを達成できないと選手会からの異議申し立てを受けて、収益分配から外される可能性も。

アスレチックスはこのオフ、１億ドル（約１５５億円）ぐらいまで総年俸を上げたいという話が出ていました。その「1億ドル」は収益分配の対象からギリギリ外れないラインだと考えられていて、この冬は大幅にチームの総年俸を上げなければいけないため、補強に積極的だったとみられます。

さらに、レイズの先発ジェフリー・スプリングスをトレードで獲得しました。チームを強化したいというよりは、収益分配から外されないために総年俸を上げることが第一になっているような印象も受けます。それでも、副次的にチーム力も上がっているので、今年はダークホースとまではいかなくても、以前よりも戦えるチームになると感じました。

ブルージェイズのトレードでは、ちょっと気になったところがありました。昨季は地区最下位に終わり、今季はブラディミール・ゲレーロJr.とボー・ビシェットがFA前の最終年を迎えます。2人とも契約延長ができないと出て行くことになる。

今季は、この2人が揃っている状態では最後の勝負になります。だから、このオフは、昨季は足を引っ張った打線をとくに強化しなければいけません。そうしたら、ガーディアンズからアンドレス・ヒメネスを獲得してきました。

守備はものすごくうまく、二塁で3年連続ゴールドグラブ賞を獲得するなど、二塁の守備では今のMLBで右に出る者はいないぐらい。でも、打撃はここ2年下降気味。**打線の強化が必要なのに、守備の名手を獲得しても……**。

しかも、ヒメネスはガーディアンズと2023年3月に7年総額1億650万ドル（約167億円）の契約を結んでいました。これからちょうど年俸が一気に上がっていく契約内容であり、そのタイミングでブルージェイズは契約をすべて引き取ったのです。ケガをしたとはいえ、守護神のジョーダン・ロマノをノンテンダーにするほど、ブルージェイズはこのオフのお金の割り振りを考え直していたわけですが、そのわりにヒメネスでけっして安くはない額を負担することになりました。

ヒメネス獲得にあたり、ガーディアンズへ渡した選手は内野手のスペンサー・ホーウィッツ。昨季、貧打線のなかでは数少ない光明でした。その**打てるホーウィッツを放出して、なぜ守備職人を獲得したのか**。その後は強打者アンソニー・サンタンデールを獲得し、補強ポイントに合った動きはしてきました。それでも、ヒメネス獲得は負担した金額含め疑問点が多いですね。

逆に、ガーディアンズはうまいことやりました。マーケットが小さく、かつテレビ放映収益の問題も抱えているため、厳しい予算制約があります。ヒメネスとの契約、さらには別トレードで佐々木朗希投手の獲得戦線に乗じてマイルズ・ストローの契約もブルージェイズに押しつけることができ、渡りに船だったわけです。

さらに、獲得したホーウィッツはポジションのフィットが悪いなと思っていたら、**数時間後に今度はパイレーツへトレード**し、昨季途中から先発として活躍したルイス・オルティスを獲得。本来の補強ポイントだった先発をうまく強化したのです。

ホーウィッツにとっては、良い結末だったと思います。基本的に一塁手ですが、ブルージェイズの一塁にはゲレーロJr.がいるので、一塁ではあまり出場できない。ガーディアンズにいても、一塁にはカイル・マンザルドがいる。

パイレーツは一塁に確固たるレギュラーがいない状況だったので、ほぼ間違いなく出場機会は与えられます。2度もトレードされたことに本人は驚いたでしょうけれど、最終的に試合に出やすいチームへ行けたこと自体は良かったと思います。

個人的には、先発が貴重な時代にパイレーツがルイス・オルティスを使ってまで獲得したことはやや意外でしたが、チームにとってホーウィッツのフィット自体はいい。打線の補強が必要なところに、ホーウィッツはまさに年俸も安く、昨季は結果も残し、あとは今季を含めて6年保有できる。長期的な戦力を獲得して打線を補強ができた点も含めて良かったと思います。

そうなると、**ガーディアンズによる一連のトレードでは、ブルージェイズの動きだけがクエスチョンマークでした。**

■昨季はアテが外れたチームとは

期待が外れたチームの筆頭は、2023年に球団初のワールドシリーズ（WS）制覇を飾ったレンジャーズ。優勝争いのレベルが低いア・リーグ西地区で、昨季は3位にとどまりました。

同地区では、アストロズが昨季まで4年連続地区優勝と勝ち続けていますが、他地区と比べて地区優勝のラインがずっと低い。両リーグの優勝チームは90勝以上、ドジャースが98勝と100勝近くしているのに、アストロズは昨季88勝での優勝でした。

それなのに、**レンジャーズが地区優勝争いに加われなかったのは期待外れ**。おそらく、みなさんにとっても、期待していた通りの戦いぶりではなかったと思います。本来であれば、アストロズとマリナーズがゴタゴタしている間に、レンジャーズが上にいなきゃいけなかった。なのに、むしろ沈んでしまった昨季はレンジャーズのフロント、ファンにとって、かなりストレスのたまるシーズンになってしまったと思います。

対して、2023年に沈んだチームが昨季は予想以上の巻き返しをみせました。ア・リーグ東地区ではプレーオフにこそ進めませんでしたが、**ボストン・レッドソックスが5位から3位に浮上**。同中地区では、**地区2位のロイヤルズ。2023年は106敗で最下位だったのに、チャンスの多い状況をみて、FA市場でセス・ルーゴ、マイケル・ワカを獲得して勝負をかけると、フランチャイズの若きスターボビー・ウィットJr.がMVP投票で2位に入る活躍。最終的にガーディアンズと優勝争い**。あの大躍進はすごかった。

あとはメッツもですね。2023年は勝率5割を下回り、オフの補強も資金力のわりに短期契約のベテラン選手が中心だったため、昨夏に全部売ることを念頭に置いているものと思っていたら、予想以上に戦えていました。夏は売り手ではなく、むしろ買い手側に回るほど、チーム強化を進めていました。

ナ・リーグ中地区のブリュワーズはもう、シーズン途中でほぼ〝地区優勝確定〟みたいな状態になっていましたよね。エースのコービン・バーンズをオリオールズへ放出して、2番手のブランドン・ウッドラフがケガで投げられないことがわかっているシーズンだったのに地区を独走。これもちょっと想像以上でした。

ナ・リーグ西地区ではパドレス。ソトがヤンキースへ移籍したシーズンだったので、本来なら成績を残してほしいザンダー・ボガーツはそれほど打たなかったですし、フェルナンド・タティスJr.もケガで長期離脱しました。金《キム》河成《ハソン》も昨季は攻撃面の成績を落としたことも含め、むしろ打線は向かい風のほうが強かった。

しかし、そこに、最終的に新人王投票で2位となったジャクソン・メリルというルーキーが台頭してきました。加えて、100万ドル（約1億5500万円）で契約した外野手ジュリクソン・プロファーがオールスターに選ばれたりと、予想外の活躍がありました。

投手陣も、ダルビッシュ有投手が離脱した時期がありましたし、右腕ジョー・マスグローブも右肘痛であまり投げられませんでしたが、マイケル・キングはサイ・ヤング賞投票7位と奮闘するなど、チームとして結構踏ん張っていました。個人的には パドレスは選手層が薄いなと思っていたので、評価がしにくいと感じていましたが、想像以上に強かった。

このように2024年のチーム状況を受けて、各チームは補強に動いていきます。**この冬の移籍市場は「収まるところに収まった」ケースが多い**印象を受けました。ソトも「一番高額な条件を出したチームに行くならメッツだろう」と誰もが思っていたし、ドジャースのテオスカー・ヘルナンデス（以下T・ヘルナンデス）も「ほぼほぼ再契約だよね」とみんな予感していたと思います。ただ、それはお金のあるチームが積極的に動くことができたという背景があるから、そう感じるのかもしれないですけどね。

今季からメッツでプレーするフアン・ソト（メッツ）

注目の
編成トップ

MLBきっての辣腕編成マンと今年注目のマネジメント力

■パドレスのプレラーGMは〝プロギャンブラー〟

MLBの移籍市場は、会社の人事異動であるとお伝えしてきました。となると、その異動や方針を決めている〝人事部長〟がいるわけです。その「編成のトップ」で注目すべき人物をご紹介します。

時に大きく勝負に出て、球界を揺るがす。MLBでも有数の辣腕といえば、**パドレスのAJ・プレラーGMです。**その象徴的なトレードといえば、やはり**2022年夏に、若きスーパースターの野手ソトを引っ張ってきた**ことでしょう。その代わりに、パドレスのトッププロスペクトが勢揃いしたようなパッケージを放出しました。プレラーGMのスタイルは「躊躇《ちゅうちょ》なく動く」こと。対価について日和《ひよ》りません。

もちろん、守るべきところは守る。「この選手はスーパースターになる」と見極めた選手は手放しません。昨季メジャーデビューで、いきなり24本塁打をマークしたジャクソン・メリルはまさにその代表例です。

一方で、必要とあれば大胆な動きも辞さない。昨夏も、トレード市場注目のマーリンズのリリーフ左腕タナー・スコットや、レイズのリリーフ右腕、ジェイソン・アダムを獲得し、ブルペンスタッフの強化を進めました。対価にも糸目をつけず、肝が据わっていると感じます。

もちろん、これはプレラーGM一人の仕事ではなく、彼を筆頭とするフロント全体の戦略です。パドレスはトレードで大胆に若手を放出しても、数年経てばまた優秀なプロスペクトが育っています。育成の巧みさもありますが、それ以上に才能を発掘する目が非常に優れているのでしょう。

そのいい例が、**2021年本塁打王のタティスJr.**。16歳のときにホワイトソックスと契約して、それほど時を待たずしてトレードでパドレスへ。当時のタティスJr.はどんな選手になるか、まったくわからないような段階でしたが、彼は今やスーパースター。ジェイク・クロネンワースもレイズ時代は二刀流で話題になりましたが、当時はメジャーのレギュラーで活躍するとみんなが期待していたわけではなかったけれど、彼もパドレスには欠かせない選手に成長しました。**トレードで若手を見いだしてくることも、パドレスは結構うまくやれている**と思います。

プレラーGMは2014年に就任して以来、**ギャンブル的な補強をすることもあるので「プロギャンブラー」**のようなイメージがあります。昨夏も、先発陣が怪しいのに強力なリリーフ投手を複数連れてくるなど、バクチ的な補強をしました。プレーオフでは地区シリーズでドジャースに敗れましたが、WSを制覇したドジャースを最も苦しめたのはパドレスでしょう。勝ち目がないギャンブルをしているわけではなく、**目利きの力があるから「プロ」**なわけです。

同じ西地区のドジャースに対抗するのは、放映権収益の減少に直面した今のパドレスでは厳しいところがあります。ペイロールを削減するために、3年連続首位打者のルイス・

アラエスや、エースのディラン・シースのトレードの噂も絶えません。

そういった制約もありながら、我々をアッと驚かせるような動きにも出られるプレラーGMが今後どのようにして勝てるチームをつくり上げるかは注目したいですね。

■ドジャースの〝神〟フリードマン氏の手腕

ドジャースは、アンドリュー・フリードマン編成本部長が2014年10月に就任して以来、一度もプレーオフ進出を逃したことがありません。そもそも、地区優勝を逃したのも1度しかない。もともとは投資銀行で投資のプロでしたから、その知見をそのまま野球に生かしている。フリードマン氏がいるからこそ、今のドジャースがあるのです。

ドジャースにも少し、雲行きが怪しい時期がありました。2010年から2年間は地区4位、3位。フロントのまずい動きや、オーナー夫妻の離婚問題に端を発した経営難が重なりました。

でも、2012年から現オーナーに代わり、レイズからフリードマン氏が来てからは、ドジャースといえば常勝軍団。絶対にプレーオフへ進出するナ・リーグ西地区の絶対的王者のような立ち位置にいますよね。

では、お金があればあるだけ使っているかといえば、そうではない。**意外にも、大型・超長期契約は大谷選手の加入前は、チームの核であるムーキー・ベッツとフレディ・フリーマンにしか出していなかった**んです。

契約年数は低めに抑え、ロースターに柔軟性を持たせる。もしダメだったら、いつでも他選手と入れ替えられるような編成を組んでいました。この「ロースターの柔軟性」を持つことが、長くコンテンダーでいられる強いチームをつくるうえでカギとなります。

長期契約で多くの選手と契約すると、その分だけ動ける余地がなくなってしまう。期待した成績を挙げることができない選手を解雇したとしても、契約は残ります。ですから、長期契約は少なければ少ないほどいい。そうすれば、チーム状況に応じてロースターを自由に入れ替えられます。そういう意味では、**フリードマン氏の方針でドジャースはお手本のような運営をしてきました。**

ただ、その方針が近頃、ちょっとブレたように思います。大谷選手との10年契約はわかるのですが、山本由伸投手に12年契約は結構勝負したなと。大谷選手と同じような価値を見いだしたからだと推測しますが、投手なので故障のリスクはあるかと思います。

さらに、先発右腕タイラー・グラスナウとも5年契約。彼は毎年のようにケガをしていて、契約当時はまだシーズンで最多でも120イニングしか投げたことがありませんでした。これは、ちょっとやり過ぎかなと感じました。

長期契約はそれなりに制限し、リスクを回避した編成をしてきたのに、前オフはいきなり3人にそういった契約を与えたわけです。このオフもブレイク・スネルと5年契約、タナー・スコットとも4年契約を結び、長期契約が急増しています。

今はうまくいっているからいいのですが、とくにベッツとフリーマンは30代中盤に差し掛かっていきますし、大谷選手だってもう30歳。年齢を重ねていくごとにパフォーマンスは落ちていくのが必然で、契約と見合わないパフォーマンスになってもおかしくはない。そういう時期が訪れたときに、ロースターが硬直化するうえに、補強の課題が見つかっても長期契約ばかりだと足かせがどんどん増えていきます。

ドジャースの財政状況なら、最悪どうにでもなるとはいえ、なるべく回避していたことを実行したので、私としてはブレたかなと思いました。

ただし、大谷選手が年俸の97％を後払いにした理由は、その分を補強費に回してほしいという意図でした。そのため、異例の大盤振る舞いは、その要望に応えたからだというところも大いにあったと思います。

ドジャースも資金力が豊富ですが、**2024年のペイロールはメッツが最も高額**でした。ただし、その**金額の内訳は、1／3ほどを「いない選手」に支払っている**。放出はしたけれど、契約だけが残されているためです。ベテランのジャスティン・バーランダー、マックス・シャーザーの40代2投手も、巨額の契約を保持した状態で放出しています。実態とかけ離れたペイロールなので、戦力がその金額ほどに見合っていない部分はあります。

その**チームを改革しようとしているのが、編成部長のデビッド・スターンズ氏**。以前は2015年からブリュワーズの編成部門を担当し、ナ・リーグ中地区で長く勝てない時期があったチームを強豪に押し上げた人物です。

とくに、**2017年オフの〝世紀の詐欺トレード〟は圧巻**でした。マーリンズがジアンカルロ・スタントン、クリスチャン・イエリッチ、マルセル・オズナを同時に放出。イエリッチは打線の中心選手になっていた時期でした。

スターンズ氏は、トッププロスペクトを含めたパッケージでイエリッチを獲得。すると、イエリッチは２０１８年から2年連続で首位打者に輝き、同年はＭＶＰも獲得しました。一方、マーリンズへ渡した若手選手たちは、かなり前評判の高い選手もいたのですが誰も活躍しなかったのです。ブリュワーズが一方的に得をしたトレードとなりました。

さらに２０２１年の春、当時はまだ成績が振るわないウィリー・アダメスをレイズから獲得しました。**アダメスはブリュワーズ移籍後にみるみる開花。あっという間に球界を代表する遊撃手に成長**し、チームの柱になったのです。

予算的にはやや小さめの中規模マーケットなので、他球団と比較して予算はかけられないのですが、うまいトレードでいい選手を引っ張ってくる。貧乏球団のレイズを強豪へ変貌させたフリードマン氏に資金を与えたら、今のドジャースが出来上がったように、２０２３年オフにメッツへ移ってお金を使えるようになったスターンズ氏はどんなメッツをつくってくるのかに注目していました。

編成次第でチームはガラリと変わります。昨季はプレーオフへ進出しましたが、正直プレーオフに出られるなんて誰も予想していなかったと思いますし、リーグ優勝決定シリーズまで行くことができました。シーズンで結果を出しただけでなく、このオフにはFA市場の目玉であるソトを獲得。バーランダー、シャーザーといった退団選手の契約がようやく終わり、ペイロールが7000万ドル（約100億円）ほど前年よりも浮いた。そのため、15年総額7億6500万ドルという歴代最高額が実現したのです。

今後も戦力の穴をうまく埋めていく手腕をみせてくれるでしょう。今夏のトレードデッドラインまでの戦いぶりと補強が非常に楽しみです。

■契約延長とトレードに定評があるブレーブス

ブレーブスのアレックス・アンソポロス編成本部長は、選手に気に入ってもらえるチームをつくるのが非常にうまい。アンソポロス政権下では、**契約を延長する選手が多い**んです。

彼を語るうえで、まずは過去の〝催眠術契約延長〟を触れないわけにいかないでしょう。２０１９年春にロナルド・アクーニャJr.と8年1億ドル（約１５５億円）、オジー・オルビーズとは7年３５００万ドル（約54億３０００万円）と、今考えると市場価格よりも大幅に安い金額で契約延長にこぎつけました。

このオフも昨季先発として活躍したレイナルド・ロペスと3年総額３０００万ドル（約46億５０００万円）の契約を結び直し、２０２５年の年俸が１１００万ドル（約17億円）から８００万ドル（約12億４０００万円）に下がっているんです。２０２６年の年俸が増額されたとはいえ、昨季の活躍を考えたら、ずいぶんとチームに優しい契約に映ります。

このように、まさかの契約延長を次々と結び、強いブレーブスを形成してきました。

ここにいればいい結果が得られると選手に信じさせ、このチームにい続けたいというカルチャーが根付いているのかもしれません。フロントと選手の信頼関係がかなりしっかりしているから、なせる業なのでしょう。

一方で、情に流されない決断もできます。２０２１年オフは功労者フリーマンと再契約せず、スパッとマット・オルソンをアスレチックスからトレードで獲得して長期契約を結んだりと、ビジネス的な判断もうまい。現在ドジャースのフリーマンと再契約しなかったことについては、のちにアンソポロス編成本部長も苦渋の決断だったことを明かしていますが、MLB30球団のフロントのトップになれる人はそういう決断ができる人しかいないのだと思います。

トレードのうまさでいえば、**アスレチックスと成立したトレードがとくに冴えていました**。先ほどのオルソン、そして翌2022年オフに獲得した捕手ショーン・マーフィーの**対価として放出した選手が、実はアスレチックスではほとんど活躍していない**んです。かろうじてシェイ・ランゲリアーズは正捕手ですが、**この2件のトレードをトータルでみると、アスレチックスは大損**。逆に「出さなかった若手」では、トッププロスペクトだったマイケル・ハリス2世が2022年新人王を獲得し、中堅手として一本立ちしています。ブレーブスは放出してもいい若手、してはいけない若手の見極めが非常にうまい。

一方で、アスレチックスはトレードしてもうまくいかず、2028年にはラスベガスへ本拠地移転も控えている。いい選手が育っても、オーナーがお金を出さないため放出せざるを得ません。この負の連鎖は球界でも共通認識になっていて、トレードでも足元を見られやすくなり、正当な対価を得にくい状況です。すると、ちょっと不利なトレードでも比較的マシなので成立させてしまう。そしてまた負の連鎖が拡大し、チーム状況は苦しくなりやすいわけです。

■株トレーダーのようなレイズ・ニアンダー編成本部長

お金がないから知恵を絞る。ドジャース黄金期を築いているフリードマン編成本部長は、レイズからＭＬＢエグゼクティブの道を歩き始めました。

その**フリードマン氏とレイズを強豪に育て上げたのが、現在のエリック・ニアンダー編成本部長**です。フリードマン氏がドジャースへ移ったあと、ニアンダー氏が昇進していった流れです。

レイズにはそれほど予算がありません。それでも勝てるチームに変貌させたのは２人の功績ですが、ニアンダー政権下のほうが意外な選手を獲得してくる驚きがあります。ルール５ドラフトの指名対象となるためＭＬＢ40人枠に追加しないと他球団に流出する恐れがある、もしくはその時期が近づいている選手を放出し、しばらくはその指名対象にならない若く有望な選手を拾ってくることで、**世代ごとに主力となる選手を配置する「世代の分配」が非常にうまい**。だからこそ、選手の供給が途絶えずに、毎年マイナーからいい選手が次々と上がってくるのだと思います。

レイズには、全球団に目をつけた選手が多数いて、いつでもトレードをうかがっています。まだ値上がりしていない選手を見いだして、値が上がったら転売し、次の世代に種をまき、伸びてきたら刈り取る。**株のトレーダーのような動きです**。資金力の面でそうせざるを得ない側面はありますが、うまい方法だと思います。

■スター不在のジャイアンツを元・名捕手が変えるか

ジャイアンツではこのオフ、現役時代は名捕手として鳴らしたバスター・ポージー氏が編成本部長に就任しました。2010年代にジャイアンツをWS3度制覇へ導いた生え抜きスター選手が、現役引退からわずか3年で編成トップを務めることになったのです。

前任のファーハン・ザイディ氏時代は、お金はあるけれどまったくスター選手を呼ぶことができませんでした。一枚落ちる選手をたくさん集めて勝てるチームをどうにかつくろうと奮闘していました。2021年は地区優勝しましたが、それ以降は勝率5割程度。あまり結果がついてこなかった状況をポージー氏がどこまで変えてくるのかが楽しみです。

昨年9月には、三塁手のマット・チャプマンと契約を延長しました。交渉当時はザイディ氏がまだいましたが、全然まとまらない。それが、**ポージー氏が間に入ったら契約延長が決まったん**です。スター選手を呼べなかった流れを覆し、チームのコアとなる選手を獲得できるようになるでしょう。

実際にこのオフ、**最たる補強ポイントだった遊撃手には、ブリュワーズからFAとなっていたアダメス**を連れてきました。ジャイアンツでは過去、契約延長を含めるとポージーの9年1億6700万ドル（当時約181億3000万円）が球団史上最高額でしたが、アダメスとはそれを上回る7年1億8200万ドル（約258億8000万円）。ポージー氏は自分の"記録"を上回る選手をいきなり獲得したわけです。サイ・ヤング賞3度受賞のバーランダーを1年契約で獲得しましたし、**世界一に3度輝いた名捕手だっただけに選手からリスペクトされ、信頼される編成トップとして認識されている**と思います。捕手出身ですから、ゆくゆくは、「ポージー監督」も見てみたいですけどね。

ＭＬＢではフロントと選手が明確に分かれ、元スター選手がフロントでもトップになるのは異例。その珍しいなかでも、**２０２３年ＷＳで球団初の世界一となったレンジャーズでは、元投手のクリス・ヤング氏がＧＭ**を務めています。もともと全米屈指の名門校・プリンストン大学出身で、メジャーでは先発右腕として通算79勝を挙げた文武両道の人物。頭脳にも定評がある彼が、世界一のチームをつくり上げたことで高く評価されました。

日本でも、メジャー経験者が球団フロントの中枢に入っていく流れがすでに起きています。２００６〜２０１２年にメジャーでリリーフとして３３８試合登板で防御率２・34と活躍した右腕・斎藤隆さんは、古巣の横浜ＤｅＮＡベイスターズでアドバイザーを務め、外国人選手の補強などにかかわっている。東京ヤクルトスワローズでは、２０１２〜２０１７年にメジャー７球団を渡り歩き、メジャー通算打率２割８分５厘を残した青木宣親さんがＧＭ特別補佐に就任しています。今後は編成のトップになる人も出てくると思います。

■病室でもトレードをまとめたマリナーズ編成本部長

マリナーズのジェリー・ディポト編成本部長はトレードの鬼。2018年12月のウインターミーティングで体調を崩して入院したにもかかわらず、**病室でトレードをまとめた**という逸話があります。彼がトレードを連発しても驚かない。「また来たな」「やってるな」みたいな（笑）。

トレードが成立したタイミングでは、その意図は非常にわかりますし、いいトレードだと納得はできる。放出する選手の見極めはできているのです。でも、**結果的に野手があまり成績を残さない**ので、最初の印象ほどはうまくいっていない。前オフは、オールスターに出場した二塁手のホルへ・ポランコをツインズと1対4のトレードで引っ張ってきましたが、昨季は自己ワーストの打率2割1分3厘で全然ダメでした。

この**原因は本拠地のT‐モバイル・パーク、球場にあると思います**。球場の傾向を数値化した指標「パークファクター」を見ると、MLBでトップクラスの投手有利な環境。海が近い分、飛距離が出ないとよくいわれますし、ドジャースのT・ヘルナンデスが202

3年オフにマリナーズからドジャースへ移籍する際に「シアトルはボールが見にくい」というコメントをしていました。

一説によると、バックスクリーンがよくないのではないかという声も。以前は両翼、中堅がもっと広かったのですが、2013年の開幕前に改修して球場を狭くしたことでニュートラルな環境に戻りつつありました。それが、また近年になって投手有利に振れてきて、その原因がわからない。謎の球場なんです。

だから、**他球団から移籍してきた打者がフルシーズンでどれほど活躍するかが読みにくい**。マリナーズとしても、おそらく答えが出ていないでしょう。でも、MVP3度受賞のトラウト（エンゼルス）はこの球場を非常に得意としています。見えづらいという理由は考えにくいので、打撃フォームや、その選手の視力や視野の特徴などが影響するのかもしれません。

ディポト編成本部長にも苦労はあったと思います。チームを引き継いだ時点で、前任が結んだ大型契約でロースターが硬直化していたので、そのなかでのやりくりを強いられました。いざ大型契約が全部なくなって、自分がつくりたいチームを目指せるようになったタイミングで新型コロナ禍に見舞われ、さらに放映権ビジネスも崩壊し始めた。不測の事態が起き過ぎて、オーナーから期待していたほどの予算増額も得られませんでした。

もともとはエンゼルスのGMで、10年連続打率3割、30本塁打、100打点を達成したアルバート・プホルスと2011年オフに契約したことがありました。あれはオーナー案件なので、本当はしたくなかった契約でしょう。

それでフロント主導のチームをつくろうとしたら、マイク・ソーシア監督と対立してエンゼルスを追われ、今マリナーズにいる。マリナーズの暗黒時代が始まってからの歴代のGMと比べたら、比較的勝てるチームはつくれているので、格段に優秀な方。ただ、長年チームを率いたスコット・サービス監督も昨夏に解任されるなど体制が変わりつつあるなか、プレーオフという結果につながらないディポト編成本部長の首元もそろそろ寒々しくなってきました。

肩書きは編成のトップですが、実際にはオーナーと選手と、ファンの板挟みになっている感があります。不用意な発言をしてファンから反感を招くことも。**2023年はわずか**

1勝足りずに、プレーオフに出場できませんでした。そのあとにシーズン終了直後の会見で、**「10年間で勝率5割4分が取れれば、歴史的にはプレーオフに出やすく、ワールドチャンピオンになれる確率も高い」**という旨の発言をしてしまった。そして、２０２３年はまさに勝率5割4分3厘。でも、プレーオフに行けませんでした。

計画通りに補強を進め、長期的なスパンで成功を収められるチームをつくりたいという意図だったと思いますが、ファンとしてはかなりフラストレーションがたまっている直後の発言だっただけに、「10年間で5割4分を目指します」というやる気のないようにも捉えられます。

フロントが目指す方向として、勝率5割4分を10年間平均で取れればいいということはわかる。80勝台後半から90勝をキープできればプレーオフに行ける。行ければワールドチャンピオンになれるチャンスはある。それは理解できますが、タイミングが良くなかった。

今年で就任10年目。**就任以来、まだ一度しかプレーオフに出場していません。現状を打破できないのなら、さすがにもう代え時**かなと思います。

第 2 章

ア・リーグ各球団の戦略徹底解説

AL
2025

ソト流出も王者ヤンキースは穴埋め成功 ブルージェイズはちぐはぐ補強

本書のテーマは、移籍市場についていて詳しくご紹介すること。そこで、全30球団の動きについてア・リーグ、ナ・リーグ、そして地区ごとにお伝えしていきます。**点数は、このオフにおける編成の動向を私なりに評価して表したものです。**「たしかにそんな感じかな」「いやいや、この球団はもっと点数は高いよ」などなど、さまざまな見方で楽しんでいただけたら幸いです。

ア・リーグ 東地区

■ニューヨーク・ヤンキース（2024年1位）…80点

昨季ア・リーグ王者のヤンキースはオフの**最大の課題だったソトの残留がかなわず**、メッツへ流出させてしまいました。マイナス評価にせざるを得ないのですが、**その後の補強が順調に進んでいます**。ソトの穴を完全に代替することはおそらく不可能ですが、投打ともに現状からレベルアップさせ、トータルでその穴が少しでも小さく感じるようにしたいという方針でしょう。

投手の補強としては、**オフのＦＡ先発市場でトップ3のマックス・フリードを8年総額２億１８００万ドル（約３３８億円）で獲得**しました。ブレーブスで２０１９年から先発ローテを守り続け、通算でオールスター選出2度、２０２２年にはサイ・ヤング賞投票で2位に入った実績もある選手です。

ヤンキー・スタジアムは球場が狭いため本塁打が出やすいですが、フリードはゴロを打たせるのがうまい。肝心の内野守備では、遊撃手アンソニー・ボルピはＭＬＢでも有数の守備力。フリードはチームにフィットすると思います。

懸念点は、31歳に8年契約を出したこと。ヤンキースはジャッジ、コール、カルロス・ロドンと長期契約を結んでおり、３年後の２０２８年には全員が30代半ばに。長期契約のベテラン選手でペイロールが硬直化するリスクも高いですが、ジャッジと2022年オフに9年再契約した時点で、ジャッジが衰えないうちにワールドチャンピオンを目指す覚悟を決めたのでしょう。

さらに、**ブリュワーズのクローザー、デビン・ウィリアムズをトレードで獲得**しました。チェンジアップを武器に、クローザーとしてMLBのなかでも一、二を争う存在です。ヤンキースでは、昨季までクレイ・ホームズ（このオフFAでメッツへ移籍）がクローザーでしたが、昨季は不安定な投球も目立ち、ウィリアムズの加入はブルペンの安定化に資するでしょう。

野手ではともにMVP受賞経験のある、コディ・ベリンジャーをカブスから、ポール・ゴールドシュミットをカージナルスから獲得。**ベリンジャーはあえての獲得**だったと思います。カイル・タッカーをトレードで獲得したカブスで外野手が余剰となり、ベリンジャーはほぼトレードで放出されるだろうという状況、そして外野手のFA市場にT・ヘルナンデス、アンソニー・サンタンデールらが残っているなかで、ヤンキースはベリンジャーを選択しました。

T・ヘルナンデス、サンタンデールは両翼タイプですが、**ベリンジャーは2人よりも年齢が若く、移籍後も引き継ぐ契約期間が2年と短期で済み、かつ中堅や一塁も守れます。**年によってムラのある選手ではありますが、2019年MVPの実績と、2023年MVP投票でトップ10に入るほどのパフォーマンスを見せてくれたので、実力を発揮してほしいところです。

このオフの一塁手市場ではピート・アロンソ、クリスチャン・ウォーカーが目玉でしたが、**ヤンキースが選んだのは37歳のゴールドシュミット**。ウォーカーよりも少し安く、かつ契約年数を抑えられることを踏まえての獲得だと思います。年齢による衰えは感じるとはいえ、今季はほどほどの成績は残してくれるであろうゴールドシュミットでお茶を濁し、**2025年オフにFAとなる一塁手ゲレーロJr.（ブルージェイズ）を狙っていくのかも**しれません。ウォーカーと3年契約をしていたら、ゲレーロJr.獲得の路線はほぼ消えたでしょうから。

2023年はジャッジが打てなければ勝てませんでした。そのチームにソトが加わり、

2人の相乗効果で昨季地区優勝を飾りました。このオフはソトこそ逃しましたが、**もう一つの課題がエース、ゲリット・コールの残留**でした。

コールがオプトアウトした場合、現契約にヤンキースが1年追加することでオプトアウトを破棄させることができる契約でした。そこで、コールはオプトアウトを行使する意思を表明し、仕掛けてきました。コールを失えば、強打者ソトと合わせて投打の柱が抜けることになる。契約延長は既定路線でしたが、コールは昨春右肘痛で出遅れ、以前と比べると支配力が落ちた印象。エースとしての投球ができるのか少し不透明ななか、既定路線だったはずの契約延長か否かに注目が集まったのです。

コールの現契約に1年追加しても残りは5年総額1億8000万ドル（約279億円）。先発のFA市場が近年高騰するなか、コールの本来の実力を考えればそれほど高くはないと思っていたら、コール側が現契約のままでの残留を選択。将来的な契約延長の交渉は続けるようですが、**ヤンキースからすれば願ったりかなったりの結果となりました。**

ヤンキースは札束攻勢で外部から大物を獲得するイメージが強いですが、**実は育成面で**

も一定の成果を挙げています。投手陣ではルイス・ヒルやクラーク・シュミットも自前ですし、そもそもジャッジは生え抜き。昨季はパドレスの先発ローテで活躍したマイケル・キングも、もとはヤンキースが育てた選手です。

こういった若手を育てる力は補強にも生かされています。プロスペクトは資産でもありますから、有望な選手をトレードに使って補強する一助になっています。2023年オフのソト獲得もそうでした。育成ができているから、大きなトレードに踏み切ることもできる。だから、安定した強さを維持できる。そういった自前で育てた選手のなかでは、愛称「火星人」の外野手、ジェイソン・ドミンゲスの躍進に期待しています。

他球団では活躍していない投手の才能を引き出す点も優れています。パイレーツではパッとしなかったホームズをMLB屈指のクローザーに仕立て、MLBレベルでくすぶっていたルーク・ウィーバーも、昨年プレーオフで大活躍するなど大一番で信頼される投手にまで成長させました。改善点を見つけることにおいても、非常にうまいと思います。

札束攻勢の「悪の帝国」感は今や、ドジャースやメッツのほうですね。選手補強には確かにMLBトップクラスのお金を使っていますが、以前ほど「あれもこれも欲しい」ではなくなりました。

オーナーは帝国の総帥ジョージ・スタインブレナー氏から代替わり。息子ハル氏は強烈な個性を発揮した父と比べ、前面には登場しないタイプです。ただし、球界の盟主たるふるまいも忘れない。レイズの本拠地が昨秋にハリケーンで被害を受けたことで、**ヤンキースはスプリングトレーニング施設をレイズに暫定本拠地として貸し出し**ました。同じ地区のライバルに手を差し伸べられる。これも、**球界の盟主たる行動**でしょう。

ヤンキースの今オフ 主な移籍一覧

移籍	選手名	位置	前所属/行き先
IN	デビン・ウィリアムズ	投手	ブリュワーズ
	マックス・フリード	投手	ブレーブス
	フェルナンド・クルーズ	投手	レッズ
	アレックス・ジャクソン	捕手	レッズ
	ポール・ゴールドシュミット	一塁	カージナルス
	コディ・ベリンジャー	中堅	カブス
OUT	クレイ・ホームズ	投手	メッツ
	トミー・ケインリー	投手	タイガース
	ネスター・コルテス	投手	ブリュワーズ
	コディ・ポティート	投手	カブス
	ホセ・トレビーノ	捕手	レッズ
	アンソニー・リゾ	一塁	FA
	グレイバー・トーレス	二塁	タイガース
	ケイレブ・ダービン	二塁	ブリュワーズ(マイナー)
	ジョン・バーティ	内野	カブス
	フアン・ソト	外野	メッツ
	アレックス・ベルドゥーゴ	外野	FA

※位置はMLB公式参照

■ボルティモア・オリオールズ（2024年2位）…70〜75点

もともとアストロズのフロントで働いていた**マイク・エリアス氏**が今、フロントのトップです。アストロズでは**タンキングをして主力を放出し、有望な若手を集めて黄金時代**を築きました。

エリアス氏は2018年の就任以来、オリオールズでもこの方針を実践しています。極端に弱い時期を意図的につくり、若手やマイナーの整備に注力する。そして長期契約をあまり出さずに、フレキシブルに動ける余地を残す。ロースターを硬直化させないようにチーム編成を行ってきました。

その方針で進めてきた**チームづくりが今、まさに花開いてきています。完全に主力となった遊撃手のガナー・ヘンダーソン、捕手のアドリー・ラッチマン、そして未来を担うジャクソン・ホリデーの3人は今季活躍が期待**されますし、**1983年以来のWS制覇を目指す段階に来ている**のです。

ただし、先発のエース不在が気になります。コービン・バーンズがFAとなってダイヤモンドバックスへ移籍し、NPBの菅野智之投手、今年1月には、ブレーブスFAとなっていたメジャー通算138勝の右腕チャーリー・モートンをそれぞれ1年契約で獲得。ベテラン2人が加わったことで先発陣の計算は立ちやすくなりましたが、エース不在の印象はぬぐえません。

大きな変化は、昨シーズンからオーナーが代わったこと。以前のアンジェロス一家は同じア・リーグ東地区内で比較すると、球団の運営にお金を出さないほうでした。昨春、米投資会社カーライル・グループの共同創業者デビッド・ルーベンスタイン氏を筆頭とした新オーナーに代わりました。

今の段階でも地区の優勝候補ですが、コストが安い有望な若手選手が多いチームに、スター選手をもう1～2人連れてきたらさらに上積みできる。お金を使うほうに舵を切ってくれたら、東地区は俄然面白くなります。でも、今年1月、ルーベンスタイン氏は「サラリーキャップ制」の導入を提唱。今後も補強に潤沢な資金を投入してくれるかどうか、かつ、エリアスGMもそういった補強をどこまで志しているかは不透明です。

オリオールズの今オフ 主な移籍一覧

移籍	選手名	位置	前所属/行き先
IN	菅野智之	投手	巨人(日本)
	アンドリュー・キットレッジ	投手	カージナルス
	チャーリー・モートン	投手	ブレーブス
	ゲーリー・サンチェス	捕手	ブリュワーズ
	タイラー・オニール	左翼	レッドソックス
	ディラン・カールソン	左翼	レイズ
	ラモン・ラウレアーノ	右翼	ブレーブス
OUT	コービン・バーンズ	投手	ダイヤモンドバックス
	ジョン・ミーンズ	投手	ガーディアンズ
	ダニー・クーロム	投手	ツインズ
	ジェイコブ・ウェブ	投手	レンジャーズ
	ジェームズ・マッキャン	捕手	FA
	オースティン・スレイター	外野	ホワイトソックス
	アンソニー・サンタンデール	外野	ブルージェイズ
	イーロイ・ヒメネス	DH	レイズ(マイナー)

※位置はMLB公式参照

■ボストン・レッドソックス（2024年3位）：85点

このオフの課題は「**先発ローテの天井を上げること**」。編成トップのクレイグ・ブレスロー氏が明言したもので、もう一段上の先発ローテにしたいという明確な方針を打ち出しました。ＦＡ市場のエースクラスの獲得戦線にも参加していたとされ、球界でも一、二を争うトッププロスペクトのロマン・アンソニーをはじめとする若手野手が育ってきた今、コンテンダーとして本腰を入れてきたわけです。

そこで、**先発クロシェをホワイトソックスから獲得することに成功**しました。メジャーデビューした2020年から一度も先発経験がなかったにもかかわらず、**2024年に先発転向して32先発で防御率3・58、Baseball Reference 算出のWARで4・1**をマーク。**左腕でアベレージ97マイル（約156キロ）は、リリーフ時代よりも速い**。昨季から導入して効果的だったカッター、さらにはシンカーも投げ始めるなど変化球も威力を発揮し、**146回で209奪三振、K％は35・1％と、先発では驚異的な水準**を叩き出しました。

過去には、トミー・ジョン手術や肩の問題などを抱えていますが、先発投手の年俸が高騰するなか、格安であと2年保有できる点でも、多くのコンテンダーにとって魅力的な選手であったことは間違いないでしょう。トレードの対価も、オーバーペイという感じでもなく、客観的にみても「これぐらいは必要だよね」というパッケージで収めた。正捕手コナー・ウォンの後釜に**期待されていた捕手のカイル・ティールを出したことは痛かった**ですが、トレード全体をみるといいトレードだったと思います。

先発では、**ドジャースFAのウォーカー・ビューラーとも1年契約**を交わしました。昨季は防御率5・38と苦しみましたが、プレーオフでかつての輝きを取り戻し、胴上げ投手に。1年契約となったのは、今季活躍して、来年は大型契約を狙いにいく意図があると思いますが、球団にとっては1年契約ならうまくいかなかったとしても、それほどのリスクを取らずに、オールスターにも出られるくらいの実力を持つビューラーを獲得できました。あとは思惑通りにビューラーが復活できるかだけです。

クロシェとビューラーの獲得は、目標に対してしっかり動けていることの証明。レッドソックスはさらに強打者アレックス・ブレグマンとも契約できましたから、このオフは充実の85点くらいをつけてもいいと思います。

レッドソックスの今オフ 主な移籍一覧

移籍	選手名	位置	前所属/行き先
IN	ウォーカー・ビューラー	投手	ドジャース
	ジャスティン・ウィルソン	投手	レッズ
	ギャレット・クロシェ	投手	ホワイトソックス
	パトリック・サンドバル	投手	エンゼルス
	アロルディス・チャプマン	投手	パイレーツ
	アレックス・ブレグマン	三塁	アストロズ
OUT	ニック・ピベッタ	投手	パドレス
	ルーカス・シムズ	投手	FA
	クリス・マーティン	投手	レンジャーズ
	ジェームズ・パクストン	投手	現役引退
	ルイス・ガルシア	投手	ドジャース(マイナー)
	キャム・ブーザー	投手	ホワイトソックス
	ケンリー・ジャンセン	投手	エンゼルス
	ダニー・ジャンセン	捕手	レイズ
	タイラー・オニール	左翼	オリオールズ

※位置はMLB公式参照

■タンパベイ・レイズ（2024年4位）…75点

2023年はシーズン99勝。地区優勝できる戦力を備えながらの2位でした。2024年は誤算が続きます。2023年途中から先発ローテと目していた3投手が次々と長期離脱し、昨季は懸念点だった先発陣以上に、打線がコケてしまった。ずっと勝率5割近辺をうろうろしながら、昨夏のトレードデッドラインを迎えていたわけです。

得失点差はかなりマイナスだったため、**フロントはスパッと売りに回ることを決断しました。「まさにレイズ」という感じの夏。売る側のなかでは最も良かった**と思います。

7月上旬には、2023年夏に獲得した先発アーロン・シバーレを、ブリュワーズへトレード。昨季のトレード前までは17試合87回で防御率5・07と微妙だったので、そろそろ見切ると思っていたら案の定でした。ほかにも、日本でも「腕組みポーズ」でおなじみとなったランディ・アロザレーナはマリナーズ、2022年オフにはFA選手では球団史上最高額の3年総額4000万ドル（当時約56億円）で獲得した先発ザック・エフリンはオリオールズへ。さらにには、2023年にブレイクしたスラッガーのイーサック・パレデスをカブスへ放出。**２０２５年以降も数年単位で保有できる選手たちを、お構いなしで放出したの**です。

売りに回りつつも、抜け目のない動きをしています。ＷＢＣアメリカ代表の投手ジェイソン・アダムはパドレスへトレード。アダムの対価として、２０２２年ドラフト１巡目指名（全体15位）を受けた右腕ディラン・レスコをかっさらいました。

選手に使えるお金がＭＬＢでもワーストレベルともいえるほど資金力に乏しいチームですから、**パフォーマンスが年俸に見合わない選手はもちろん、年俸の高い選手はいつまでも置いておけません。**組織として血の入れ替えをどんどんやっていかないと、チームの強さを保てない。その「血の入れ替え」を昨夏はかなりドラスティックに行いました。

対価として「未来」を買った格好です。メジャーで活躍するまで3～4年ぐらいかかるような選手も多いですが、もともとレイズにはプロスペクトがわりといるなかで、さらなる次世代の選手を準備しに出た。主力を放出し、将来の才能をかき集めて**ＭＬＢでも随一のマイナーとなりました。**他球団にとって「憎たらしい」と思われるほど、うまい球団運営をした昨夏はほぼ満点の出来だと思います。

レイズがすごいのは、これだけ主力選手を放出しながらも、トレードデッドライン後も「普通に5割ぐらい勝ちそう」というチーム編成を依然として組んでいるところ。組織としての強さが表れていました。

冬には、先発のジェフリー・スプリングスをトレードで出しましたが、今年から年俸が高くなるため、ある意味想定内。一方、補強ポイントの捕手にはレッドソックスFAのダニー・ジャンセンと1年契約、さらに**二遊間FA市場の注目選手だった金河成と2年契約**を結びました。昨季のレイズは遊撃のパフォーマンスがよいとはいえず、金は肩の手術の影響で出遅れるとはいえ、チームにとってアップグレード。最短1年でオプトアウトもでき、復活させて今夏のトレードデッドラインで売りたい思惑もありそうです。**今季はブリッジイヤーですが、意外な勝ち方をするのもまたレイズ**。今季の戦いぶりも楽しみです。

ただ、昨秋に本拠地トロピカーナ・フィールドがハリケーンで甚大な被害を受けました。修復に月日を要する見込みです。今季はヤンキースのスプリングトレーニング施設を暫定本拠地としますが、来季以降の動向は不透明。もともと計画されていた新球場建設も無事に進めばいいのですが……。

レイズの今オフ 主な移籍一覧

移籍	選手名	位置	前所属/行き先
IN	ダニー・ジャンセン	捕手	レッドソックス
	金河成	遊撃	パドレス
OUT	タイラー・アレキサンダー	投手	ブリュワーズ
	コリン・ポシェ	投手	ナショナルズ(マイナー)
	リチャード・ラブレディ	投手	ブルージェイズ(マイナー)
	ジェフリー・スプリングス	投手	アスレチックス
	ディラン・カールソン	左翼	オリオールズ
	ホセ・シリ	中堅	メッツ

※位置はMLB公式参照

■トロント・ブルージェイズ（2024年5位）…65点

カナダの大手通信企業ロジャーズ・コミュニケーションズが保有し、資金力はわりとある球団です。伝統的には**「ブルージェイズといえば、やっぱり強打のチームだよね」という打線重視の路線でしたが、ここ2年は守備寄りの編成**を敷いた結果、2024年は見事なまでにうまくいかなかった。2023年は投手力でプレーオフに滑り込みましたが、昨季はそれもできず投打共倒れとなり、一転して地区最下位に沈んでしまいました。

それでも資金はあるので、いろんなFA選手に食指を動かしますが、実際に移籍してくるのかというと、意外とそうでもない。本拠地がカナダだからかもしれません。カナダ以外の出身選手に、あえてカナダに住む理由があまりない。そこがちょっと不利な点ですね。

2023年オフは、大谷選手がトロント行きの飛行機に乗ったとか乗らなかったとかで、大騒ぎになりましたが、結局搭乗すらしておらず、ブルージェイズ入りも実現せず。選手はブルージェイズ入りに興味は持つけれど、選ばれにくいということが結構あります。

昨夏のトレードではよい対価をもらえていたんです。投手では菊池雄星投手、ジミ・ガルシア、野手ではジャスティン・ターナー、ケビン・キアマイアー、史上初の「同じ試合で両チームに出場した選手」ダニー・ジャンセンを放出。**契約がそのシーズン限りの選手や成績がふるわない選手を売るという、売り手のセオリー通り**ではありました。

アストロズは菊池投手を高く評価し、対価としてアストロズ傘下でも高評価の2選手にマイナーの内野手の合計3人を獲得できた。当時、菊池投手はそこまで活躍できていなかったので、アストロズファンは「同じく契約が切れる投手なら、タイガースのジャック・フラハティを獲得すべき」とブチギレていましたね。でも、その後菊池投手がアストロズで活躍したので、だいぶトーンが下がりました。

また、昨夏の注目は2人のスター選手の行方。今年のオフにFAとなる2021年本塁打王ゲレーロJr.と、MLB屈指の安打製造機である遊撃手ボー・ビシェットを売るようなことがあれば、チームを完全に解体するシグナルでした。最終的に放出しなかったので、今年は2人を中心にチームを立て直す決断を下したようです。

昨季を途中であきらめたチームとして、夏はやるべきことは最低限できました。

しかし、**この冬の動きは不可思議**でした。昨年12月、ガーディアンズから守備の名手アンドレス・ヒメネスをトレードで獲得しましたが、**打線強化が必要なのに、また守備強化**なのかと。佐々木投手の獲得戦線においては、契約金に使えるボーナスプールをどうにか増やそうと焦るあまり、ガーディアンズで不良債権化していたマイルズ・ストローの契約をほとんど引き取りました。結果、佐々木投手だけが来ない事態に。

その後、課題の打線には昨季44本塁打の大砲サンタンデール、先発陣には大投手シャーザーを加えるなどチームの課題に対応しましたが、このオフはあまりにマイナスな動きも多い印象でした。

もし今季、チームとして結果を出せなかったら、主力の2人がFAで流出した打線、あまり人材が豊富とはいえないマイナー事情と合わせ、向こう数年を捨てる覚悟が必要。上を目指せるのはこの先しばらく、今年がラストチャンスと捉えて補強を続けるべきでしょう。

ブルージェイズの今オフ 主な移籍一覧

移籍	選手名	位置	前所属/行き先
IN	ジェフ・ホフマン	投手	フィリーズ
IN	マックス・シャーザー	投手	レンジャーズ
IN	ニック・サンドリン	投手	ガーディアンズ
IN	ジミ・ガルシア	投手	マリナーズ
IN	アンドレス・ヒメネス	二塁	ガーディアンズ
IN	アンソニー・サンタンデール	外野	オリオールズ
OUT	ジョーダン・ロマノ	投手	フィリーズ
OUT	スペンサー・ホーウィッツ	一塁	パイレーツ（ガーディアンズ経由）

※位置はMLB公式参照

ア・リーグ 中地区

■クリーブランド・ガーディアンズ（2024年1位）…85点

ガーディアンズはなかなか面白い動きをしてきました。クリーブランドは大都会ではないので、必然的にペイロールも結構低めの球団です。予算が厳しいので大物ＦＡの獲得戦線には参加してこない。そのなかで、**資金力が少ない球団のモデルケースのような獲得劇**を繰り広げました。

まずは、**ＦＡとなっていた２０２０年サイ・ヤング賞右腕のシェーン・ビーバーと再契約**にこぎつけました。トミー・ジョン手術明けなので今季の復帰時期は未定ですが、実力ある選手を１年１４００万ドル（約21億７０００万円）で比較的安く取り戻すことができました。

次には第一章で前述した通り、契約が重くなってきた二塁の名手ヒメネスをブルージェイズへ放出。対価として獲得した内野手のホーウィッツを数時間後にパイレーツへトレードで出し、先発オルティスを獲得したという**事実上の三角トレード**。この一連の動きは個人的には好きですね。さらに、ボーナスプールを欲していたブルージェイズを見るやいなや、ストローの契約を半ば押しつけ、浮いた資金を生かして実績のあるリリーフのポール・シーウォルドとも契約。抜け目がないやり方です。

これだけじゃないんです。昨季31本塁打でオールスターにも選出された一塁手ジョシュ・ネイラーが今季限りでFAだったので、ダイヤモンドバックスへトレードして、対価に投手スレイド・セコーニを獲得しました。

空いた一塁には、過去2度在籍していたカルロス・サンタナを呼び戻しました。今季で39歳のベテランですが、昨季はツインズでゴールドグラブ賞を受賞しています。ネイラーの今季年俸は1090万ドル（約16億9000万円）ですので、サンタナに同等の金額を出しました。39歳の選手になぜそんなに払うのか？　という疑問がわくところです。

この理由は、サンタナにネイラーとほぼ同額を支払って呼び戻す算段をつけてでも、**セ**

コーニが欲しかったのだと思います。昨季防御率は6・66で失点は制御できていませんが、マイナーでの成績は上々で、コマンドがかなりいい投手。**ガーディアンズはまとまっている投手をもう一段階伸ばすことに長けたチーム**なので、改造に自信があるのだと思います。ヒメネスの三角トレードで獲得したオルティスと同様、**ガーディアンズとしてはオルティス、セコーニの2投手にかなりのポテンシャルを感じている**のでしょう。

先発投手の市場価値が高騰しているので、FAで獲るとなればかなりのお金を積まなければいけない。**資金力に乏しい球団は投手を育成しないと、勝つチャンスすらなくなる時代**になりつつあります。

ガーディアンズはそれを理解していて、この冬は非常に若くて才能のある投手を重視しました。ポテンシャルを引き出したうえで活躍してもらい、4~5年後にトレードの弾にする。このように、**次の世代、そのまた次の世代の有望選手を探して引っ張ってくる循環式編成は、まさに中規模市場の球団の手法としてお手本**になります。

過去にも、厳しい予算のなかで思い切ったトレードに出ています。2020年オフは、昨季はメッツでナ・リーグMVP投票2位となったフランシスコ・リンドーアをメッツへ放出し、この冬放出した二塁手ヒメネスを獲得。さかのぼると2019年には、当時すでにサイ・ヤング賞を2度獲得していた右腕のコーリー・クルーバーをトレードで放出し、**獲得した選手が今のMLBナンバーワンクローザーのエマニュエル・クラセ**でした。レイズほどドラスティックにやるわけではありませんが、トレードでいい若手選手を引っ張ってきますし、ドラフトで才能の発掘をしてくるところも、非常にうまくやれているチームです。

この冬はブルージェイズの判断の悪さに乗じつつ、自分たちはコストカットに成功しながら必要なポジションを埋めてきました。こういうフロントが勝てるチームをつくるんだなと痛感しました。お金がないなかでも、地区では成功を収めています。その秘訣は、優秀なフロントがいるからこそだと思います。

ガーディアンズの今オフ 主な移籍一覧

移籍	選手名	位置	前所属/行き先
IN	ジェイコブ・ジュニス	投手	レッズ
	ポール・シーウォルド	投手	ダイヤモンドバックス
	スレイド・セコーニ	投手	ダイヤモンドバックス
	ルイス・オルティス	投手	パイレーツ
	ジョン・ミーンズ	投手	オリオールズ
	カルロス・サンタナ	一塁	ツインズ
OUT	マシュー・ボイド	投手	カブス
	アレックス・カップ	投手	タイガース
	イーライ・モーガン	投手	カブス
	ニック・サンドリン	投手	ブルージェイズ
	ジョシュ・ネイラー	一塁	ダイヤモンドバックス
	アンドレス・ヒメネス	二塁	ブルージェイズ

※位置はMLB公式参照

■カンザスシティ・ロイヤルズ（2024年2位）…75〜80点

ロイヤルズは割合最近もそうですが、長く低迷期がありました。1985年WS制覇を最後に、翌1986〜2013年は最高位が3度の地区2位。2014年はワイルドカードからプレーオフを駆け上がり、WSでジャイアンツに敗れたものの、2015年は世界一に輝きました。以降は再び低迷し、昨季の地区2位は久々でした。

それでも**低迷期のなかにあって要所で勝負をかけ、成功をつかんできたほう**だと思います。**世界一となった2015年にピークが来るようにフォーカスしてチーム編成**を組んでいましたし、**2023年に106敗を喫したオフには、再建期を続けるのではなく、まさかの積極補強**にいそしみました。セス・ルーゴやマイケル・ワカといったFA選手たちと次々に契約を結び、合計1億ドル以上もの大金を注ぎ込みました。

すごく変わったことをしてくるフロントではないので、この意表を突く大型補強は外的な要因が強かったと思います。ドラフトの全体1〜6位の指名順位を抽選で決める「ドラフトロッタリー」において、ロイヤルズはくじ運の悪さで勝率の低さの割になかなか高順位を得られず、積極的に負けにいく理由が薄れてしまった。
　なおかつ、２０２３年の中地区はツインズが唯一勝率5割を超えている混戦状態だった。そこで、意外にチャンスがあると踏んで大型補強で勝負を仕掛け、２０２４年は思惑通りにいったわけです。**結果的に、誰も予想していなかったプレーオフ進出を果たしました。**

ロイヤルズは先発陣が強み。ルーゴ、コール・レイガンズ、ワカの3枚はしっかりしているので、比較的先発をトレードに使いやすい状況にありました。ワカとも早い段階で3年５１００万ドル（約79億１５００万円）で再契約。今のＦＡ市場で考えれば、早期の再契約だったからこそ、この金額で済んでいた可能性もあります。

　何ともぜいたくな話ですが、豊富な先発陣がいることを武器に、この冬はレッズとのトレードで、先発4番手と目されていたブレイディ・シンガーを出し、**リードオフマンタイプの二塁手ジョナサン・インディアを獲得**しました。チームの課題だった出塁率アップを克服する補強です。

　もう一つの課題だったブルペンには、昨夏に救援右腕ルーカス・アーセグをアスレチックスから、ハンター・ハービーをナショナルズからそれぞれトレードで獲得。さらにオフには、フィリーズFAの守護神カルロス・エステベスと2年契約を結び、昨季の開幕時点と比べると見違えるほど改善しました。

昨季は、2019年ドラフト1巡目（全体2位）のウィットJr.が打率3割3分2厘の首位打者をはじめトリプルスリー。遊撃手部門でゴールドグラブ賞を受賞するなど、Baseball ReferenceのWARは9・4で、MVP投票でも2位。ロイヤルズは**アスレチックな選手を好みがちな印象があり、ウィットJr.は、まさにその代表格**です。

ただし、選手の育成は必ずしもうまくいっているとはいえません。レンジャーズで苦戦していたレイガンズを先発起用して成功したり、生え抜きだったシンガーもトレードの弾に使えるほど成長したりと、要所要所では出てきています。しかし、2017年ドラフト2巡目（全体52位）のMJ・メレンデスらを筆頭にトッププロスペクトが期待外れに終わることも多く、オリオールズのようにマイナーの超若手軍団がそのままメジャーでも大活躍、みたいにはならない状況ではあります。

ロイヤルズの今オフ 主な移籍一覧

移籍	選手名	位置	前所属/行き先
IN	カルロス・エステベス	投手	フィリーズ
	ジョナサン・インディア	二塁	レッズ
	ジョーイ・ウィーマー	左翼	レッズ
OUT	ウィル・スミス	投手	FA
	ブレイディ・シンガー	投手	レッズ
	ユリ・グリエル	一塁	パドレス(マイナー)
	アダム・フレイジャー	二塁	パイレーツ
	ポール・デヨング	内野	ナショナルズ
	ギャレット・ハンプソン	内外野	ダイヤモンドバックス(マイナー)
	ロビー・グロスマン	外野	FA
	トミー・ファム	外野	パイレーツ

※位置はMLB公式参照

■デトロイト・タイガース（2024年3位）…75点

2023年は地区2位。優勝したツインズ以外の球団はすべて勝率5割未満でした。若手が育ったところに、オリオールズから先発右腕フラハティ、ブリュワーズから外野兼一塁手のマーク・カナらを連れてきた。そういう脇を固める補強もしたので、2024年は期待されていました。

終わってみれば、**後半戦は「ピッチング・カオス」**で勝利をもぎ取り、プレーオフに進出。**左腕タリク・スクーバルが18勝、228奪三振、防御率2・39の投手三冠**に輝き、満票でサイ・ヤング賞を獲得しました。フラハティも彼に次ぐ先発として夏までに18先発しました。

ですが、打線がかなり弱かった。本来ならチームのコアになっていてほしかった2020年ドラフト全体1位指名のスペンサー・トーケルソンはマイナーとメジャーを行き来し、結果が出ていません。ここ2年打線の中心だったケリー・カーペンターもケガで長期離脱。投手陣は悪くはないけれど、打線が援護できない。夏までは投打がかみ合わない状況が続きました。

加えて、**中地区は混戦の2023年とは打って変わり、昨季は激戦区に。**ガーディアンズがいきなり飛び出し、前年に106敗したロイヤルズがのし上がり、上位常連のツインズも当然強いというハイレベルな争いとなっていたのです。

昨夏一番の注目は、スクーバルを出すか出さないかでした。最終的にサイ・ヤング賞を受賞しましたが、ケガの歴史のある選手でもあり、2026年オフにはFAとなります。タイガースに残された時間は意外と多くはないため、**サイ・ヤング賞候補筆頭の活躍をみせていた昨夏が売り時**ではありました。個人的には、スクーバルを放出して大きな対価を得てもよかったのではと思います。しかし、チームとしては彼を投手陣の中心に据えて戦う方針で放出には踏み切りませんでした。

夏は、絶対に売るべきフラハティを売り切ったのは評価していました。2023年は左腕エデュアルド・ロドリゲスをドジャースにトレードで出すはずが、本人がトレード拒否権を発動して破談。そのバックアッププランのトレードも用意できていなかったため、オフにFAでダイヤモンドバックスへ出て行かれ、何の対価も得られずに選手だけがいなくなった。フラハティのトレードはデッドラインまで1時間を切って駆け込みでまとまったようで、二の舞いを避けることができました。

この冬は先発陣の立て直しとして、ガーディアンズFAのベテラン右腕アレックス・カッブ、内野陣では、ヤンキースFAの二塁手グレイバー・トーレスを獲得。プレーオフに出たわりには控えめな補強だなと思っていました。

すると、**今年2月に入って、フラハティを2年総額3500万ドル（約54億3000万円）で呼び戻しました**。オフが始まった当初は4年契約以上も狙えそうだっただけに、短期契約で実力のある選手を先発陣に再び加えることができた点はよかったと感じています。

スクーバルを昨夏残した以上、彼がいるうちにチームとして結果を出したいところ。プロスペクトも充実しているチームなので、若手の台頭にも期待しています。

タイガースの今オフ 主な移籍一覧

移籍	選手名	位置	前所属/行き先
IN	ジャック・フラハティ	投手	ドジャース
	アレックス・カップ	投手	ガーディアンズ
	トミー・ケインリー	投手	ヤンキース
	グレイバー・トーレス	二塁	ヤンキース
OUT	ー	ー	ー

※位置はMLB公式参照

■ミネソタ・ツインズ（2024年4位）…65点

基本的に中地区の雄ですが、予算はそれほどあるわけではない。ツインズもまた、球界を揺るがす放映権収益の激減により、ペイロールはかなり低めに抑えなければいけない状況です。FA選手を次々と獲得するというよりは、選手の育成やトレードが編成の中心になってきます。ツインズは比較的どちらもうまくいっている。投打はどちらもバランスよく主力クラスを輩出しているから、強さを維持しやすい。**中地区の優等生的存在**です。

しかし、昨季はラスト39試合で12勝しかできず、余裕だったはずのプレーオフ進出はタイガースにまくられて逃してしまった。ファンからすれば、補強を頑張ってほしいところですが、**オフの序盤は選手が出て行っただけで、ほとんど動きがありませんでした**。

それもそのはず、オーナーのポーラッド家が昨年10月に球団売却を表明したからです。2月19日現在、まだ新オーナー決定の一報はありません。球団の人事でも、球団社長兼CEOが退任し、編成本部長だったデレク・フォルビー氏が球団社長に就任し、ジェレミー・ゾールGM補佐がGMに昇格。新オーナーは開幕前には決まるはずですが、**ツインズは改**

革の時を迎えているのです。

補強は年が明けてやっと動き出しました。メッツFAの外野手ハリソン・ベイダー、オリオールズFAのリリーフ左腕ダニー・クーロムを揃って獲得。クーロムはツインズには3年ぶりの古巣復帰となります。**厳しい予算のなかでも、ようやくFA市場に参戦してきましたね。**外野陣からマックス・ケプラーとマニュエル・マーゴの2人がFAで抜けたところに、守備の名手ベイダーが入り、信頼できる左腕に欠けるブルペンにクーロムが加わりました。

ほかにも、DFAとはいえ、2023年開幕前には球界でも有数のプロスペクトだった捕手ディエゴ・カルタヤも獲得しています。

ツインズの今後は新オーナーの意向次第ですが、**もし新オーナーが補強の資金を以前よりも出してくれるなら、やりくりしながらバランスのいいチームをつくってきたツインズが一気呵成に変貌を遂げるかもしれません。**

ツインズの今オフ 主な移籍一覧

移籍	選手名	位置	前所属/行き先
IN	ダニー・クーロム	投手	オリオールズ
IN	タイ・フランス	一塁	レッズ
IN	ハリソン・ベイダー	外野	メッツ
OUT	ケイレブ・シールバー	投手	カブス
OUT	カルロス・サンタナ	一塁	ガーディアンズ
OUT	カイル・ファーマー	内野	ロッキーズ
OUT	マニュエル・マーゴ	外野	FA
OUT	アレックス・キリロフ	外野	現役引退
OUT	マックス・ケプラー	外野	フィリーズ

※位置はMLB公式参照

■シカゴ・ホワイトソックス（2024年5位）…80点

もはや**完全に〝ド再建〟のチーム状況です。昨季はMLBワースト記録の121敗**ですからね。第一章でも述べた通り、2021年に地区優勝しているんですよ。2020年ぐらいまではいい若手を集めて地道にファームを整備し、これからが楽しみなチームに成長し、むしろ模範的な立ち位置だったのに、これですから。

名物オーナー、ジェリー・ラインズドルフ氏の強権発動が転落の原因でもあります。若手が育っていた2020〜2021年頃に、自分と仲のいいトニー・ラルーサ氏を監督として招へいしたことでチームの成績が急降下。オーナーの影響が良くも悪くも出てしまい、今は完全に悪い方向へ働いています。

加えて、昨季は負けすぎた影響もあるでしょうが、士気の低さを感じる部分もありました。昨季から先発に本格転向したクロシェは、5月以降はエースの投球をみせてオールスターにも選出されました。韓国プロ野球（KBO）から帰ってきたエリック・フェッディも、ホワイトソックスでは21先発で防御率3・11と、キャリアハイともいえるピッチング。

で、その2人がいるのに勝てない。

ペドロ・グリフォル監督は昨年8月に解任されましたが、チームをまとめ上げられず、マネジメント面に課題があったように感じます。そうなると、チームは集中力を欠いたプレーも増えましたし、**ドジャースからトレード移籍してきたミゲル・バルガスがア・リーグワーストの21連敗に感情を失っている姿**は見ていてつらいものでした。

メジャーリーグでは、資質のことを「メイクアップ」と呼びます。ホワイトソックスは徐々にチームの文化を変えようとしているようですが、メイクアップのよさなども含めて改善していかないとクラブハウスもまとまっていかない。チームの根本からの建て直しは急務です。

昨夏のデッドラインでは、ドジャース、カージナルスと三角トレード。前半戦に活躍した先発フェッディらを放出し、ドジャースで期待の若手だったバルガス、そしてマイナー2選手を獲得しました。でも、リターンとしては弱い。フェッディは今季も保有できた選手なので、**先発の年俸が暴騰する時代に、安めに持っておけるフェッディを手放した割に微妙なトレード**となりました。

個人的にはクロシェもデッドラインで売るべきだと考えていましたが、冬に動きました。**年末にレッドソックスと1対4のトレードを敢行。クロシェ1人に対し、元ドラフト1巡目指名を2人含む有望な選手を4人獲得。**先発で1年しか活躍していないクロシェを高値で売り、十分なリターンを得ました。

2023年のドラフト1巡目（全体14位）の捕手カイル・ティールは、打者としてはアベレージ型。ホワイトソックスには捕手のトッププロスペクト、エドガー・クエロもいますが、順調に成長すれば豪華な捕手コンビとなる可能性もあります。**2024年同1巡目（全体12位）の外野手ブレイデン・モンゴメリー**は高校時代は二刀流として鳴らし、パワーの素質は魅力的。投手としても90マイル台後半（約150キロ台後半）を出せる強肩にも定評があり、強肩の右翼手として活躍する未来もあるかもしれません。

ホワイトソックスのマイナーは着実に強化され、有望なプロスペクトも多数在籍。立て直しは順調に進んでいます。もちろん、プロスペクトがいるからといって将来のチームが強くなるとは限りませんし、しばらく苦しい時期が続く。ただ、前には着実に進んでいるため、いつか121敗が笑い話となる日が来ることを願い、今は我慢する時です。

ホワイトソックスの今オフ 主な移籍一覧

移籍	選手名	位置	前所属/行き先
IN	ブライス・ウィルソン	投手	ブリュワーズ
	マーティン・ペレス	投手	パドレス
	キャム・ブーザー	投手	レッドソックス
	ジョシュ・ロハス	三塁	マリナーズ
	オースティン・スレイター	右翼	オリオールズ
	マイク・トークマン	右翼	カブス
OUT	マイケル・ソロカ	投手	ナショナルズ
	ギャレット・クロシェ	投手	レッドソックス
	マイク・クレビンジャー	投手	FA
	クリス・フレクセン	投手	カブス(マイナー)
	ギャビン・シーツ	一塁	パドレス(マイナー)
	ニッキー・ロペス	二塁	カブス(マイナー)
	ヨアン・モンカダ	三塁	エンゼルス

※位置はMLB公式参照

ア・リーグ 西地区

■ヒューストン・アストロズ（2024年1位）…75点

アストロズは2010年代前半、ジェフ・ルーノーGM主導でチームをあえて弱くし、ドラフト上位指名をたくさんゲットして、当時獲得したブレグマンら若手をチームのコアに据え、2017年に球団初の世界一になりました。その後サイン盗みスキャンダルが発覚したため、功績は汚されてしまいましたが、**先進的な編成方針、選手の改造、長期契約を出さずに柔軟性のあるペイロールを基本**とした優秀な球団です。昨季は進出できませんでしたが、2017年以降は7年連続でリーグ優勝決定シリーズへ進出し、「王朝」を築いてきました。

しかし、ここ2年ぐらいはオーナー主導の補強が目立ち始め、方針がブレてきています。2022年のオフにホセ・アブレイユ、その年ブルペンで活躍したラファエル・モンテロとそれぞれ3年契約を結び、**FA選手に対しアストロズらしくない金銭的なコミット**をしたのです。それがものの見事にコケて、２人の契約はかなり重荷になり、アブレイユは昨季途中にリリース。しかし、２０２３年オフにも、クローザーのジョシュ・ヘイダーに5年契約を出しました。新陳代謝がしにくくなった体制が少し気がかりです。

明確な課題は一塁でした。アブレイユをリリースした6月以降は、主にジョン・シングルトンが務めましたが正直、リプレースメントレベルです。「Fangraphs」のＷＡＲベースで、アストロズの一塁は昨季マイナス１・４で全体28位。ここ2年間合算のＷＡＲマイナス１・５は全チーム全ポジションのなかでも最悪レベルでした。

カブスとのトレードで２０２３年打点王の外野手タッカーを放出し、三塁手パレデスを獲得。そして、浮いた資金でダイヤモンドバックス**FAの注目選手、一塁手ウォーカーと3年総額６０００万ドル（約１０２億４０００万円）の契約**をかわしました。

ウォーカーは本格的なブレイクが31歳シーズンの２０２２年と遅咲きですが、攻守ともに貢献が見込める。ここ3年間はＭＬＢ全一塁手で上位レベルの活躍をみせてきました。昨季は１３０試合出場で26本塁打、ｗＲＣ＋１１９、Baseball ReferenceのＷＡＲは２・6。ここ3年のｗＲＣ＋がすべて１２０前後で推移する安定感があり、空振りや三振はやや多めではあるものの、ハードヒット率、バレル率はMLBでも上位の部類です。**基本的に引っ張り方向への長打が多い右打者**で、この点は左翼側が狭いアストロズの本拠地ミニッツメイド・パークあらため、**ダイキン・パークにも適した打撃スタイル**かもしれません。また、一塁手として有数の守備力を誇り、フィールディング・ランバリューではここ3年間はMLB全体の一塁手で1位ないし2位、ゴールドグラブ賞も現在3年連続受賞中です。

ここ2年間、一塁手がまともな活躍を見せてこなかったアストロズにあって、ウォーカーのような攻守にバランスよくバリューを発揮し得る選手の加入は、まさに〝ピンズド〟の補強のようにも思います。ただ、「いい補強だなあ、でも、何かデジャブ感があるなあ」と思っていたら、2年前のオフにアストロズがアブレイユを獲得してきたときにも同じことを思ったんですよね。ウォーカーも今季は34歳のシーズン。アストロズ加入時のアブレイユよりは2歳若いとはいえ、年齢による衰えがきてもおかしくはない。アブレイユとの契約はそのデッドマネーがタッカー放出の遠因になったりと、編成にも大きく響いてしまいましたが、同質のリスクは抱えているとも思います。

パレデスはリグレー・フィールドから一転し、今度は本拠地にかなりフィットしそうです。カブス移籍後は打撃面で苦しんだものの、レイズではリーグ有数のホームランバッター。2023年は31本塁打、レイズ時代通算でもOPS・797と当たっている。打球指標自体はMLBで最低レベルですが、天才的な引っ張りセンスがあります。左翼側が比較的狭く、フェンスが低かったレイズのトロピカーナ・フィールドでそのスキルを発揮し、本塁打を量産しました。先ほども触れたように、ダイキン・パークも左翼側が狭い特徴があるため、彼の打撃スタイルは本拠地に適しているかもしれません。あと3年も保有でき、年俸も比較的抑えられている三塁手を確保できたのは、ペイロールが硬直しつつあるアストロズにとってはありがたいことでしょう。

しかしながら、チーム全体としてはスケールが小さくなった印象もぬぐえない。ここ数年の「らしくない」契約の結果によるところもあるでしょう。

アストロズの今オフ 主な移籍一覧

移籍	選手名	位置	前所属/行き先
IN	ヘイデン・ウェズネスキー	投手	カブス
	クリスチャン・ウォーカー	一塁	ダイヤモンドバックス
	イーサック・パレデス	三塁	カブス
OUT	菊池雄星	投手	エンゼルス
	ケンドール・グレーブマン	投手	ダイヤモンドバックス
	ジャスティン・バーランダー	投手	ジャイアンツ
	ヘクター・ネリス	投手	FA
	ライアン・プレスリー	投手	カブス
	ホセ・ウルキディ	投手	FA
	アレックス・ブレグマン	三塁	レッドソックス
	カイル・タッカー	右翼	カブス
	ジェイソン・ヘイワード	外野	パドレス

※位置はMLB公式参照

■シアトル・マリナーズ（2024年2位）…65点

昨季はマリナーズファンとして、ストレスがたまるシーズンでした。**先発はMLBでもトップレベルの5投手**を揃え、先発防御率もMLBで上位。6月中旬時点では地区首位で、2位アストロズに10ゲーム差をつけていました。私はそのタイミングで8月下旬のシアトル旅行を予約。それなのに、最終的に地区優勝にはかすらず、ワイルドカードにも届きませんでした。

昨季を迎えるにあたり、編成の動きも不可解でした。T・ヘルナンデスにクオリファイングオファーを出せずFAで流したり、レギュラーの三塁手エウヘニオ・スアレスを二束三文でトレードしたり。「本当にお金がない」というムーブをいくつかかましてきました。この2選手は「三振を減らしたい」という目標に合致していなかったからとしていましたが、代わりにミッチ・ガーバーとホルヘ・ポランコを連れてきたら、**2023年よりもチーム三振数が増加。例年通り、打線が大きな課題**になっていました。

夏にはフリオ・ロドリゲスのケガも重なり、フロントはレイズからアロザレーナ、ブルージェイズからベテランのターナーをトレードで連れてきて手は打ちましたが、及ばなかった。8月中旬の敵地9連戦で1勝8敗という悪夢のような戦いを経て、**私がシアトル旅行の飛行機に乗り込んだ当日、スコット・サービス監督が解任されました。**

引き継いだ**ダン・ウィルソン監督は1990年代中盤以降のマリナーズを支え、ファンからも愛されています。**打撃コーチも代わり、殿堂入りもしたエドガー・マルティネス氏が暫定で打撃コーチになりました。エドガーの指導がうまくいき、最後の5週間は本来やりたかった野球を見せてくれた。監督交代後は21勝13敗で勝率6割超。でも、7〜8月の2カ月間、あれほどひどい野球をしていては難しい。9月を迎えた時点でプレーオフ圏内まで5ゲームぐらい離れていたので、希望は捨てていたわけではないですけど、現実的には厳しいだろうなと思っていました。

そんなマリナーズは**この冬もほとんど何もできませんでした。**予算が相当少ないと報道されていました。昨年11月に数選手をノンテンダーして800万ドル（約12億4000万円）ぐらいを浮かせましたが、当時地元紙に「補強費が倍増した」と報道されました。つまり、もともとの補強費は800万ドル程度。カツカツだから動けないわけです。

それでも、ツインズFAのサンタナとの交渉に自信は持っていたようですが、結局ガーディアンズと契約し、振られてしまいました。**内野陣が遊撃手のJ・P・クロフォードしか確定していない**のに、年が明けてもマリナーズは動きませんでした。

富める球団、貧しい球団。放映権収益の問題に直面しているチームがMLB全体の半分を占め、あまり影響のないビッグマーケットのチームは引き続きバンバンお金を使える。**放映権収益問題において、マリナーズは自前で放送局を持っているため、もろに影響を受けていません。**最近はケーブルテレビなどを契約しなくなる、いわゆる「コードカッティング」が増えていますが、マリナーズはそこでかなり影響を受けていて、予算をチームに割けない。

ただし、**シアトルはそこまで小さな街ではないので、本来ならもっとお金が使えるはずなんです。**球団収益自体はMLBでもトップレベルにあるともいわれており、おそらくオーナーが予算増額にゴーサインを出していないのでしょう。

マリナーズも、アストロズやブレーブスといったチームの編成に近い方針を持っている節があります。大物ＦＡ選手に手を出すよりは、トレードや育成に重きを置いて、なるべくフレキシブルに動けるようにしたい。編成トップのディポト氏は第一章でも述べた通り、入院先の病室でもトレードをまとめるほど、トレードを連発してくる人物。普通ならあり得ないトレードをまとめてくる人なので、必要なポジションはトレードで賄うのが基本姿勢でした。

しかし、**そんなディポト氏でも、このオフはインパクトのあるトレードをまとめられなかった**。なるべくプロスペクトを使った補強に動きたかったようですが、明確に再建中のチームが少なかったことから、それではまとまらなかったと考えられます。

結局、課題の内野陣はパドレスＦＡのドノバン・ソラーノ、そしてポランコとの再契約で対処し、オフシーズンも不完全燃焼な結果となってしまいました。

マリナーズの今オフ 主な移籍一覧

移籍	選手名	位置	前所属/行き先
IN	ドノバン・ソラーノ	内野	パドレス
OUT	オースティン・ボス	投手	ロッテ(日本)
	ジミ・ガルシア	投手	ブルージェイズ
	JT・シャギワ	投手	レンジャーズ(マイナー)
	ジャスティン・ターナー	一塁	FA
	ジョシュ・ロハス	三塁	ホワイトソックス
	ルイス・ウリアス	三塁	アスレチックス

※位置はMLB公式参照

■テキサス・レンジャーズ（2024年3位）…85点

2023年は球団史上初の世界一に輝きましたが、昨季は残念ながら……というシーズン。アストロズがここのところ地区では君臨していますが、他地区と比べて地区優勝のラインがかなり低いのに、レンジャーズがそこに加われなかったのは期待外れでした。

レンジャーズは2021、2022年に大型補強をして世界一に輝きました。それ以前は100敗するようなチームで、過去にはアレックス・ロドリゲスに当時の球界史上最高額10年2億5200万ドル（当時約308億円）を出したはいいけれど3年でヤンキースへ放出した過去がありましたので、本当にそんなにも大型補強して大丈夫なのかと当初は疑問視されていました。その下馬評を戦いぶりで覆し、大型補強が正解だったことを証明してみせました。

世界一になった翌年のシーズンオフは通常、補強の予算は増額されがちですが、昨季に向けてのレンジャーズは、放映権収益の不透明さに伴う資金不足から補強は絞り気味。ただし、戦力的には昨季も世界一のメンバーはほとんど残っていたので、強いことに変わりはなかったはずです。

しかし、フタを開けてみれば、**世界一の屋台骨だった打線がつまずきました。**打線の中軸であるコーリー・シーガー、昨季ブレイクしたジョシュ・スミス、ワイアット・ラングフォードは打線を支えましたが、それ以外の面々はほぼ総コケ。本来中軸を担うはずのアドリス・ガルシアは速いボールに対しての対応が大幅に悪化し、打率2割2分4厘、25本塁打、wRC＋は92。正捕手のジョナ・ハイムも打撃成績をかなり落としたうえ、ベンチメンバーもコケたんです。２０２３年はトップレベルだった打線は、むしろ下から数えたほうが早いほど全体的なパフォーマンスが落ちていました。

その強化のため、放映権収益問題の影響を受けながらもやりくりしています。やや年俸が上がりつつあった巧打者ナサニエル・ロウをナショナルズへトレード。その分、**マーリンズから昨季29本塁打のジェイク・バーガー、ダイヤモンドバックスから左の大砲ジョク・ピーダーソンといったパワーヒッターを連れてきました。**

次なる課題のブルペンでは、昨季68試合登板で防御率3・00のデビッド・ロバートソン、同61試合登板で33セーブのカービー・イェーツという8、9回を締めくくった2投手がF

Aとなりましたが、こちらは量でカバーする方針。頼れるベテラン右腕のクリス・マーティンと1年契約を結び、ロウのトレードでは潜在能力の高さが光るロバート・ガルシアを獲得。加えて、オリオールズからノンテンダーFAとなっていた右腕ジェイコブ・ウェブらも獲得しています。

先発に関しては、ネーサン・イオバルディと3年契約で再契約、さらにサイ・ヤング賞2度受賞のジェイコブ・デグロムがトミー・ジョン手術から本格復帰を予定しています。成長著しいクマー・ロッカーらも加われば、それなりのローテにはなるかもしれません。

全体的に予算制約があるなかでチームの課題にしっかり対応した印象ですが、今季再度浮上するうえで既存戦力の復活も欠かせない。前述のガルシアやハイムらもそうですし、昨季はケガで長期離脱となったエバン・カーターも今季は健康にプレーしたいところ。

レンジャーズは**打線の中心であるセミエンとシーガーが年齢を重ね、コンテンダーでいられるタイムリミットは確実に迫りつつあります**。すでにWS制覇を成し遂げてはいますが、もう一度早い段階で頂点を目指したいですね。

レンジャーズの今オフ 主な移籍一覧

移籍	選手名	位置	前所属/行き先
IN	ホビー・ミルナー	投手	ブリュワーズ
	ロバート・ガルシア	投手	ナショナルズ
	ショーン・アームストロング	投手	カブス
	クリス・マーティン	投手	レッドソックス
	ジェイコブ・ウェブ	投手	オリオールズ
	カイル・ヒガシオカ	捕手	パドレス
	ジェイク・バーガー	三塁	マーリンズ
	ジョク・ピーダーソン	DH	ダイヤモンドバックス
OUT	ホセ・ルクラーク	投手	アスレチックス
	マックス・シャーザー	投手	ブルージェイズ
	デビッド・ロバートソン	投手	FA
	カービー・イェーツ	投手	ドジャース
	アンドリュー・ヒーニー	投手	FA
	アンドリュー・チェイフィン	投手	FA
	カーソン・ケリー	捕手	カブス
	ナサニエル・ロウ	一塁	ナショナルズ

※位置はMLB公式参照

■アスレチックス（2024年4位）…80点

アスレチックスといえば「マネーボール」。お金がないなりに頭を使い工夫する。資金力が乏しいことに加え、2028年予定のラスベガス移転を控えており、今季から暫定本拠地はジャイアンツ傘下3Aサクラメントの施設。どうしても設備面などでほかのMLB球場からは見劣りするため、**外部から選手をより呼びにくい環境**になっています。

このオフには当初、ドジャースFAの右腕ウォーカー・ビューラー獲得にも興味を示しましたが、**「サクラメントで投げたくない」**と断られたことをコッツェー監督が明かしていました。しかし、そういった状況でも昨季メッツで活躍した先発右腕ルイス・セベリーノを獲得できた。本拠地のマイナス以上にチームの魅力が上がっている裏づけでもあるでしょう。

たとえば昨季は、**遅咲きのブレント・ルーカー**がMLB全体でも有数のパワーヒッターに成長してオールスターレベルのシーズンを送りましたし、若手野手の成長も目覚ましい。**捕手シェイ・ランゲリアーズ**が打撃面で向上、外野では**JJ・ブレデイ、ローレンス・バ**

トラーが打撃でインパクトを残すようになってきました。チームの雰囲気も非常によく、2023年当時に感じたような〝お先真っ暗〟ではなくなりました。

投手陣も、2023年は試合を成立させるにはどうするのかというぐらいの状態でしたが、ぼちぼち整ってきています。課題の先発にはメッツからセベリーノ、レイズからスプリングスを獲得。ブルペンにも実績のあるホセ・ルクラークが加入し、計算できる投手が加わりました。ア・リーグ西地区の上位はアストロズが徐々に落ち、マリナーズは資金に乏しい。突き抜けたチームがいないなかで、**若い野手が伸びてきているアスレチックスが徐々に力をつけていけば、面白い存在になり得る段階**まで来ています。

第一章でも述べた通り、アスレチックスが補強にいそしんでいる理由が「収益分配」なので、ちょっと動機が不純ではありますが、これまで移籍市場でインパクトを残すチームではなかったので、頑張っていることに変わりはないです。

欲をいえば、投手だけでなく野手でもそれなりのクラスのメジャーリーガーを獲得できていれば、オフの動きとしてはなおよかったとは思いますが、やるべきことはしっかりとやった印象です。

アスレチックスはレイズと同様に、主力選手の年俸が上がり始めたらトレードせざるを得ません。**通常はFAまで選手を6年保有できますが、アスレチックスやレイズは事実上3〜4年しか選手を保有できない。**血の入れ替えをどんどん進め、なるべく短期間で育成のコスト分をしっかり回収しなければいけないのです。

不利な環境に加え、MLBでワーストの観客動員数という不人気球団ではありますが、編成方針をみると確実に前進しています。**コッツェー監督もモチベーターとして優秀であり、雰囲気のいいチームをつくりつつあります。**再び、強いアスレチックスが帰ってくる日もそう遠くないでしょう。

アスレチックスの今オフ 主な移籍一覧

移籍	選手名	位置	前所属/行き先
IN	ホセ・ルクラーク	投手	レンジャーズ
	ルイス・セベリーノ	投手	メッツ
	ジェフリー・スプリングス	投手	レイズ
	ルイス・ウリアス	三塁	マリナーズ
	ジオ・ウルシェラ	三塁	ブレーブス
OUT	トレバー・ゴット	投手	FA
	ロス・ストリップリング	投手	FA
	スコット・アレクサンダー	投手	FA
	ダニー・ヒメネス	投手	ブレーブス（マイナー）
	アレックス・ウッド	投手	FA

※位置はMLB公式参照

■ロサンゼルス・エンゼルス（2024年5位）…75点

オフの序盤はやるべきことをサッとやりました。**一番大きかったのは菊池投手との契約**。ブルージェイズからアストロズへ移籍してピッチングの組み立てを見直し、後半戦は成績を大幅に改善させて3年総額6367万5000ドル（約98億7000万円）。**この冬は先発市場が高騰したので、今思うと球団にとっても悪くない契約**でした。

ほかにも、ブレーブスからは控え捕手としてトラビス・ダーノー、2019年本塁打王ホルヘ・ソレア、カブスから先発右腕カイル・ヘンドリックス、レッドソックスからは通算447セーブのケンリー・ジャンセンを獲得しました。

ダーノーは、若き正捕手ローガン・オハピーのメンター役を担いつつ、自身も一定水準以上の捕手としてフィールド内外での貢献が見込めます。ソレアは負傷しがちなトラウトとレンドンがいるなかで、DHタイプの獲得には疑問はありますが、エンゼルス打線に欠けていた長距離砲をプラス。ヘンドリックスは往年の輝きは失われつつありますが、先発デプスとしては機能してくれるでしょう。

ジャンセンは今季37歳シーズンですが、まだまだクローザーとして安定感があり、また剛腕ベン・ジョイスの起用を柔軟化できる点でも、いいブルペン補強だと思いました。

ベテラン選手を確保することで少しでも戦えるチームとしながらも、結果が出なかった場合、最悪トレードデッドラインでも売れるようなベテラン勢を連れてきました。

昨夏のデッドラインではクローザーのエステベス、リリーフのルイス・ガルシアを放出しました。とくに、**エステベスの放出は球界でも「よくやった」と認められるトレード**。FAまであと2カ月しか保有できないリリーフ投手1人で、フィリーズマイナーで評価を上げてきた2投手を獲得できたら上々です。**このエステベスのトレードで、「この夏、リリーフ高くない?」となった感がありました**。パドレスのスコット、ジェイソン・アダムのトレードや、マリナーズのジミ・ガルシアのトレードでも、リリーフ投手に結構な対価が必要だったところをみると、**この潮流はエステベスから始まったのかもしれません**。

個人的に売るべきだと思っていた選手は、3年契約の2年目となる昨季に復活した先発タイラー・アンダーソン。先発が欲しいチームはそれなりにいますし、私としては今季も活躍できるかに疑問があるからこそ、売ってほしかった。防御率こそ悪くないですが、支配力に優れるタイプではありません。プレーオフを目指すチームは、トレードデッドラインでは支配的な投球ができる選手を好む傾向があります。アンダーソンのようにのらりくらりとイニングを投げる投手は評価されにくく、エンゼルスも他球団から提示された対価が気に入らなかったようですが、年俸も安くはないため売るべきだったとは思います。

打者育成には定評があり、**エンゼル・スタジアムは非常に打者有利な球場なので、強みをより伸ばしていく発想は合理的**です。メジャー移籍当時の大谷選手もそうですし、野手転向したジャレッド・ウォルシュは、一時はオールスターにも選ばれるほどの打者になりました。ドラフト1巡目指名のテーラー・ウォードは伸び悩んだ時期がありましたが、今やレギュラー。「ポスト大谷時代」を迎え、若手のザック・ネト、オハピーが成長しています。

一方で、投手育成は永遠の課題。2000年代はマイク・ソーシア監督の下で、投手を中心とした堅実な守りの野球をしていましたが、今はそこができていない。大谷選手のドジャース移籍で、エンゼルスが最も痛手となったエース格の先発の穴もいずれ埋めたいところ。チームは昨季99敗しているので、上位進出はそう簡単にはいかないでしょうけれど、オフは精力的に動いたとは思います。

エンゼルスの今オフ 主な移籍一覧

移籍	選手名	位置	前所属/行き先
IN	菊池雄星	投手	アストロズ
	カイル・ヘンドリックス	投手	カブス
	ケンリー・ジャンセン	投手	レッドソックス
	トラビス・ダーノー	捕手	ブレーブス
	ヨアン・モンカダ	三塁	ホワイトソックス
	ケビン・ニューマン	内野	ダイヤモンドバックス
	ホルヘ・ソレア	DH	ブレーブス
OUT	パトリック・サンドバル	投手	レッドソックス
	グリフィン・キャニング	投手	メッツ（ブレーブス経由）
	マット・ムーア	投手	FA
	ハンター・ストリックランド	投手	FA
	ブランドン・ドルーリー	二塁	ホワイトソックス（マイナー）
	ケビン・ピラー	外野	FA

※位置はMLB公式参照

2024年 ア・リーグ順位表

順位	東地区	勝	敗	勝率	勝差	得点	失点	本塁打	盗塁	打率	防御率
1	ヤンキース	94	68	.580	―	815	668	237	88	.248	3.74
2	オリオールズ	91	71	.562	3	786	699	235	98	.250	3.94
3	レッドソックス	81	81	.500	10	751	747	194	144	.252	4.04
4	レイズ	80	82	.494	1	604	663	147	178	.230	3.77
5	ブルージェイズ	74	88	.457	6	671	743	156	72	.241	4.29

順位	中地区	勝	敗	勝率	勝差	得点	失点	本塁打	盗塁	打率	防御率
1	ガーディアンズ	92	69	.571	―	708	621	185	148	.238	3.61
2	ロイヤルズ	86	76	.531	6.5	735	644	170	134	.248	3.76
3	タイガース	86	76	.531	0	682	642	162	76	.234	3.61
4	ツインズ	82	80	.506	4	742	735	183	65	.246	4.26
5	ホワイトソックス	41	121	.253	41	507	813	133	90	.221	4.67

順位	西地区	勝	敗	勝率	勝差	得点	失点	本塁打	盗塁	打率	防御率
1	アストロズ	88	73	.547	―	740	649	190	93	.262	3.74
2	マリナーズ	85	77	.525	3.5	676	607	185	140	.224	3.49
3	レンジャーズ	78	84	.481	7	683	738	176	97	.238	4.35
4	アスレチックス	69	93	.426	9	643	764	196	98	.233	4.37
5	エンゼルス	63	99	.389	6	635	797	165	133	.229	4.56

第3章

ナ・リーグ各球団の戦略徹底解説

NL
2025

このオフの勝者はメッツ！ドジャースも負けじと補強大成功

ナ・リーグ 東地区

■フィラデルフィア・フィリーズ（2024年1位）…80点

チームとして完成度が高いので、オフの補強はちょっとした穴を埋めていく感じでした。ブルージェイズからノンテンダーとなっていたリリーフ右腕ジョーダン・ロマノと1年契約し、ドイツ出身でツインズFAの外野手マックス・ケプラーを獲得。マーリンズの先発左腕へスス・ルサルドのトレードでは、マイナーの有望選手を2人放出しました。今季終了後には同じ先発左腕レンジャー・スアレスのFAを控え、ルサルドは来季まで保有できることから、フィリーズとしては2026年の先発ローテの補強にもなったので得をしましたね。

フィリーズは**オーナーが補強の資金を出してくれるので、FA市場にも参戦**してきます。**編成トップのデーブ・ドンブロースキー編成本部長**は、複数の球団でフロントのトップとして長年活躍していて、必要があれば大型投資も躊躇なく行います。

もともとチームとしてFAでの獲得に注力しており、同編成本部長就任前も、天才打者ブライス・ハーパー、エースのザック・ウィーラーもFAで獲得。就任後もその路線を踏襲し、2022年オフにトレイ・ターナーと11年総額3億ドル（当時約385億円）の契約を締結。2022年本塁打王カイル・シュワーバー、2023年オールスター選出のニック・カステヤノスもFAで獲得してきました。

最近のFA大型補強も目立ちますが、投手の才能を引き出す改造もうまくやれています。

他球団でうまくいかなかった選手が、フィリーズ移籍後に成長することが多いのです。

このオフにFAとなりましたが、鳴かず飛ばずだった右腕ジェフ・ホフマンは2023年にフィリーズへ加入すると、2年連続50試合以上に登板。リリーフ左腕マット・ストラムは昨季66試合登板で防御率1・87。2人とも、昨季はオールスターに出場しました。

左腕クリストファー・サンチェスは、2019年オフにレイズのカーティス・ミードとのトレードで加入しました。ミードはレイズに移籍してからすぐにトッププロスペクトになり、当初は「フィリーズの大負けトレードだ」のようにいわれましたが、のちにサンチェスが伸びて、逆にミードが伸び悩み、トレードの評価が変わってきたのです。

2度目の世界一となった2008年以降は低迷期に入り、2012〜2021年はプレーオフに行けませんでしたが、2022年はWSに進出。チームとして、第三次黄金期を迎えています。

昨季は久々の地区優勝。結果的にプレーオフも地区シリーズで敗退しましたが、投打の完成度が光りました。2008年以来3度目のWS制覇も、視野に入れているでしょう。

フィリーズの今オフ 主な移籍一覧

移籍	選手名	位置	前所属/行き先
IN	ジョー・ロス	投手	ブリュワーズ
	ヘスス・ルサルド	投手	マーリンズ
	ジョーダン・ロマノ	投手	ブルージェイズ
	マックス・ケプラー	右翼	ツインズ
OUT	スペンサー・ターンブル	投手	FA
	ジェフ・ホフマン	投手	ブルージェイズ
	カルロス・エステベス	投手	ロイヤルズ
	オースティン・ヘイズ	外野	レッズ

※位置はMLB公式参照

■アトランタ・ブレーブス（2024年2位）…65点

チーム編成の優等生的手法は、ＦＡ選手に長期契約を与えず、ドラフトやトレード、選手育成を中心にする。アストロズがそうですが、これはブレーブスにも当てはまります。

基本的に、ブレーブスはＦＡで大型契約はあまり行いません。お金はぜいたく税の対象になるくらいは使える環境ですが、ここ最近うまくいっている手法は、**なぜか選手を市場価格よりも大幅に安く長期契約できる**こと。まるで、魔法のような格安長期契約でチームのコアを囲い込んでいます。どうやってその規模で契約をコンパクトにまとめたのか？と聞きたくなるくらいです。

その選手に本来払うべき市場価格はもっと高いはずなのですが、結果的にペイロールが圧縮され、資金に余裕ができるのでほかの補強にも回せる好循環が生まれています。

主力選手をしっかり長期契約で囲っているので、チームのコアはもう固まっています。それぞれ契約締結年が違いますが、２０２３年に史上初の「40本塁打・70盗塁」をマークしたロナルド・アクーニャJr.は8年。今季は開幕には間に合いませんが、左膝手術から復帰する予定です。骨折が多いけれど健康であれば安打製造機となるオジー・オルビーズは7年、2023年打撃二冠のマット・オルソンは8年です。強打の三塁手オースティン・ライリーとは2022年、球団史上最高額の10年総額2億1200万ドル（当時約286億2000万円）で契約しています。

主力選手を長期契約で囲い、あとは浮いた資金を使って脇を固める補強をする。そこで昨季引っ張ってきたのが、復活を期していた**先発左腕クリス・セール**。ホワイトソックス、レッドソックスでそれぞれ2015、2017年に最多奪三振のタイトルを獲得しましたが、**ここ数年はケガでくすぶっていました**。しかし、ブレーブスへ移籍した**昨季は投手三冠と大復活。サイ・ヤング賞を初受賞**。個人的には、30代半ばとなったセール獲得をそこまでよしとしていなかったのですが、ブレーブスフロントの眼力におみそれしました。

ただ、プロファー獲得以外、この冬は大きな動きはありませんでした。**もともとはトレ**

ードを主戦場にするチームですし、主力を囲うことでペイロールも上がりきっているから、なかなか動けない。

　昨季のブレーブス打線は主力にケガが相次ぎ、とくに外野陣はリーグでも下から数えたほうが早いようなパフォーマンスでした。しかし、昨季はオールスター初選出、wRC+139をマークしたプロファー獲得でようやく補強がかなった格好です。

　でも、**先発の補強がまだ足りていません。**このオフには、昨季30先発のチャーリー・モートンがオリオールズへ、29先発のマックス・フリードがヤンキースへ。そこがまだ埋められてないのでちょっと心配ですね。

　最悪の場合、若手でどうにかする手もありますし、シーズン途中にはスペンサー・ストライダーの復帰も控えていますが、コンテンダーなのに先発2枚が抜けたところを何もケアできていない。そうすると、編成の動きの評価としては65点くらいになってしまう印象です。

ブレーブスの今オフ 主な移籍一覧

移籍	選手名	位置	前所属/行き先
IN	ジュリクソン・プロファー	外野	パドレス
OUT	AJ・ミンター	投手	メッツ
	チャーリー・モートン	投手	オリオールズ
	マックス・フリード	投手	ヤンキース
	ジェシー・チャベス	投手	レンジャーズ (マイナー)
	トラビス・ダーノー	捕手	エンゼルス
	ラモン・ラウレアーノ	右翼	オリオールズ
	アダム・デュバル	外野	FA
	ホルヘ・ソレア	DH	エンゼルス

※位置はMLB公式参照

■ニューヨーク・メッツ（2024年3位）…95点

このオフの勝者ですね。ソトを獲得したことだけで、もう90～95点はつきます。ヤンキースと同じニューヨークが本拠地ですが、どうしても「ニューヨークのもう一つのチーム」というイメージがあるなかで、ヤンキースのスーパースターをお金で見事に引っこ抜いたわけですから痛快ですよね。

昨季悪くはなかった打線にソトが加わり、ピート・アロンソとも球団にとって悪くはない条件で再契約できました。課題は投手陣。先発が3枚FAで抜けましたが、うち1人のショーン・マナイアとは再契約し、ブリュワーズから右腕フランキー・モンタス、ヤンキースからクレイ・ホームズと穴を埋めてきました。

やることは明確なチームです。**余人に代え難い若手野手のスーパースター、つまりソトにはいくらでもお金を使う**という姿勢で獲得にいく。一方で、ソトのような選手以外には、意外にもコスパをしっかり見定めます。投手に関しては故障リスクがあるため、なるべく契約時にリスクを抑えにいきます。
だから、前述の3投手についても、それぞれ3年以内の契約にとどめている。モンタスは昨季防御率が4・84とあまり成績がよくなかったですし、ホームズはそもそもMLBのキャリアはほぼリリーフであり、先発ですらありません。そういう選手をこれから先発として使おうとしているので、最近の先発投手に対する値段を考えれば、契約としては案外こぢんまりしていました。

メッツはおそらく、投手の力を引き出すことに相当自信を持っていると思います。昨季のマナイアやセベリーノもそうでしたが、自分たちで選手を改善させる自信があるからこそ、無理にお金を使わない。**お金の使い方に意外とメリハリがついている**ので、何でもすべてにお金をつぎ込むわけではなく、使うべきところをしっかり見極めながらやっているように思います。

昔のメッツは、ニューヨークという土地柄を生かして大型契約をするのですが、**うまく**

いかないことも多く、ネタ要素にもなっていた。そのイメージを脱却しつつあります。

ニューヨークという土地に苦戦してきたのです。同じ本拠地には名門かつ人気球団のヤンキースがおり、以前はヤンキースもマネーゲームをしていた。選手はヤンキースに行きたがる傾向が、以前はより強かった。そこと競わないといけない立場なので、**どうしても契約面でヤンキース以上に頑張らないといけない**事情もありました。そのため、結果的にコストに見合わない補強になることが多かったのが難点でした。

しかし**2023年、ブリュワーズを黄金時代に導いたスターンズ氏が編成トップ**になりました。お金がないなかで知恵を絞ってきたスターンズ氏が、MLBで最も裕福なオーナー、コーエン氏が投入する資金を使うことができるようになり、メッツの編成は変わりました。

コーエン氏はメッツファンであり、愛するチームのためにお金を惜しまない。バックにいるオーナーが協力的、いや超協力的なので、必要とあればお金はじゃんじゃん使わせてくれる。資金力という武器を持つことができたスターンズ氏が、オーナーの豊富な資金力を生かしてどのようにチームをつくり上げていくのか楽しみです。

メッツの今オフ 主な移籍一覧

移籍	選手名	位置	前所属/行き先
IN	AJ・ミンター	投手	ブレーブス
	クレイ・ホームズ	投手	ヤンキース
	グリフィン・キャニング	投手	エンゼルス（ブレーブス経由）
	フランキー・モンタス	投手	ブリュワーズ
	ホセ・シリ	中堅	レイズ
	フアン・ソト	右翼	ヤンキース
OUT	アダム・オッタビーノ	投手	FA
	ブルックス・ラリー	投手	FA
	ルイス・セベリーノ	投手	アスレチックス
	アレックス・ヤング	投手	レッズ（マイナー）
	ホセ・キンタナ	投手	FA
	フィル・メイトン	投手	FA
	ホセ・イグレシアス	内野	FA
	ハリソン・ベイダー	中堅	ツインズ
	JD・マルティネス	DH	FA

※位置はMLB公式参照

■ワシントン・ナショナルズ（2024年4位）…75点

大谷選手の契約で脚光を浴びた「後払い」。それを利用して黄金期を築いたのがナショナルズです。2015年にトシャーザーと結んだ7年総額2億1000万ドル（当時約304億5000万円）では50％が後払い。**大谷選手の97％後払い以前は、これが最高比率**といわれています。

後払いを駆使してちょっと背伸びしたチームをつくり、ナショナルズは2019年にWSシリーズ制覇を成し遂げました。当時は、**今も編成トップのマイク・リゾGMの名前をもじり、リボ払いならぬ「リゾ払い」という言葉が日本人ファンの間で流行りました。**大型補強自体は当時からしていましたが、今はご存じのように再建期。大型FA契約はしていない。基本は自前で育てた選手をコアに据えますが、どうしてもエースが育たないとなれば、向こう1〜2年のうちにまた「リゾ払い」を発動してFA戦線に打って出る可能性はあります。

オフの動きでは、**今季から勝ちを目指すチームに変えていくという意気込み**をみせました。レンジャーズの一塁手ナサニエル・ロウをトレードで獲得。昨季は72試合登板で売り時となったリリーフ、ロバート・ガルシアを放出し、過去4シーズンで安定した成績を残した打者を得た。いいトレードでしたね。私は非常に好きです。

昨夏は、6月から成績を落としたハービーをロイヤルズへトレードし、対価はプロスペクトの三塁手ケイデン・ウォラス、昨年ドラフトの戦力均衡ラウンドA指名権（全体39位）を獲得しました。また、レーン・トーマスをガーディアンズへ放出し、プロスペクト3選手をゲット。これも、未来を見据えたいい対価だったと思います。意外だったのが、ブルペン需要が高いなかでカイル・フィネガンが売れなかったこと。その後、オフにフィネガンをノンテンダーすることになったので、二束三文でもいいから売りたかったところではあります。

ナショナルズもまだまだ再建期ですが、アスレチックスと同様に明るい話題が増えてきました。シーズン途中まで健闘していましたし、遊撃手のCJ・エイブラムスはオールスターに初選出され、打撃にも改善の兆しがあります。中堅手ジェイコブ・ヤングは非常に守備がうまいですし、二塁手ルイス・ガルシアJr.も開花しています。

トッププロスペクトでは、MLB全体でも指折りのスラッガー候補とされるジェームズ・ウッドがデビュー。昨季新人王ポール・スキーンズと同じドラフトで、彼の次に指名を受けた外野手ディラン・クルーズもデビューしました。

投手陣をみても、先発ではマッケンジー・ゴアが前半戦はエースになれるような投球でしたし、ジェイク・アービンもゴアとともに先発の柱となりました。それでも、依然として層の薄さは感じる部分はありますが、このオフはトレバー・ウィリアムズと再契約でき、小笠原慎之介投手もかなり安く獲得できたので、経験のある2人の活躍にも期待です。

2019年世界一に貢献したパトリック・コービンは不良債権気味になり、昨季をもってFAとなりました。過去の後払いの支払いは当面続くとはいえ、大型契約が昨年で終わり、一気にお金が浮きます。その資金を生かし、主力となる選手を少しずつ増やしていけたら、今季、来季からかなり楽しみになっていく存在。**再建のシーズンから脱却する準備が着々と整ってきています。**

ナショナルズの今オフ 主な移籍一覧

移籍	選手名	位置	前所属/行き先
IN	小笠原慎之介	投手	中日(日本)
	ホルヘ・ロペス	投手	カブス
	マイケル・ソロカ	投手	ホワイトソックス
	ジョシュ・ベル	一塁	ダイヤモンドバックス
	ナサニエル・ロウ	一塁	レンジャーズ
	ポール・デヨング	内野	ロイヤルズ
	アーメド・ロサリオ	右翼/内野	レッズ
OUT	パトリック・コービン	投手	FA
	ロバート・ガルシア	投手	レンジャーズ
	カイル・フィネガン	投手	FA
	ジョーイ・ギャロ	一塁/外野	ホワイトソックス(マイナー)

※位置はMLB公式参照

■マイアミ・マーリンズ（2024年5位）…70〜75点

2023年は盤石な投手陣と、コンタクト能力を重視した打線で**3年ぶり4度目のプレーオフに進出**。シーズンの得失点差は結構マイナスでしたが、接戦には強く、得失点差の数字以上に勝ちを増やしたのです。

そのチームをつくり上げた**女性初のフロントトップ、キム・アングGMは同年オフに辞任**しました。歴史的にも主力選手を放出して血の入れ替えをするチームですが、さらに明確な編成方針でチームを立て直していました。しかし、オーナー側がアングGMの上席に、レイズ出身のピーター・ベンディックス氏を招へい。これが原因となって退任し、同年オフはあまり補強に動きませんでした。

すると、昨季は盤石であるはずの投手陣、とくに先発陣には春先に故障者が続出。2022年サイ・ヤング賞のサンディ・アルカンタラが右肘のトミー・ジョン手術後でリハビリ中だったのに、さらにバタバタと倒れてしまった。打線も低調になり、投打が一気に崩れてしまい、ベンディックス氏は5月に前年首位打者のルイス・アラエスをパドレスへ放出。**「もうこのシーズンはプレーオフに出られないだろう」と早々に白旗**を揚げていました。

しかし、**夏のトレードデッドライン前には、売れるものはすべて売るという姿勢でトレードを連発**しました。目的の対価は「メジャーに近い若手野手」。ダイヤモンドバックスからは3Aでモンスター級の成績を残しているスラッガー候補デイビソン・デロスサントス、ヤンキースからはメジャーに近い、パワーヒッティングが武器の捕手アグスティン・ラミレスらを手に入れました。

夏に最も話題となったトレードは、クローザーのスコットをパドレスへ放出したトレード。これでパドレス傘下のプロスペクト上位3人を含め若手4人をかっさらい、パドレスファンが阿鼻叫喚となりました。

夏は売り手側としては上々だったと思います。**マーリンズ傘下の有望株TOP30に昨夏獲得した選手が数多く名を連ね、マイナー全体を再整備する勢い**でした。ベンディックス氏としては、**早い段階で再びプレーオフ争いに加わっていけるチームに戻したいと考えて**

いることが伝わってくる夏でした。

ただし、冬は打力のある三塁手ジェイク・バーガーをレンジャーズ、先発ヘスス・ルサルドをフィリーズへ売りましたが、バーガーにしても、ルサルドにしても、もっといい対価で売れたとは思うんです。ベンディックス氏が前政権の選手を気に入っていないのか、対価の選手を相当気に入っているのかはわからないですが……。再建中なので放出自体に異論はありませんが、対価が少し弱めの印象だった点はマイナスです。

昨夏獲得した若手野手は、オリオールズからトレードで獲得したコナー・ノルビーも移籍後いきなり活躍していますし、揃いつつあります。**かき集めた若手たちが、いつどれだけMLBレベルで通用し始めるか**。その時期がマーリンズの未来を変えると思います。

課題は頼りにしていた投手陣です。先発左腕ブラクストン・ギャレットが左肘手術で今季は全休。エースのアルカンタラや、若き剛腕エウリー・ペレスは今季中に復帰するはずですが、フルメンバーに近い先発陣をいつ取り戻せるかが今後の課題となりそうです。

マーリンズの今オフ 主な移籍一覧

移籍	選手名	位置	前所属/行き先
IN	カル・クアントリル	投手	ロッキーズ
IN	マット・マービス	一塁	カブス
OUT	ヘスス・ルサルド	投手	フィリーズ
OUT	ジェイク・バーガー	三塁	レンジャーズ
OUT	ビダル・ブルーハン	遊撃	カブス

※位置はMLB公式参照

■ミルウォーキー・ブリュワーズ（2024年1位）…75点

ブリュワーズも放映権収益の問題で予算がカツカツなので、大胆にFA市場に打って出ることはなかなかしません。この冬、独特のチェンジアップが「エアベンダー」の異名をとる**守護神デビン・ウィリアムズをトレードで売ること自体は、彼がFAまで残り1年であることを考えると、予想された動き**ではありました。対価としては、フリードがヤンキースへ来たことで先発からあぶれたネスター・コルテスを獲得。これは**結構うまいことやりましたね。**

ブリュワーズのブルペンは非常にしっかりしているので、ウィリアムズがいなくなっても大丈夫。その強みを生かしてウィリアムズを売り、課題だった先発は高騰するFA市場に参入せずにコルテスを獲得しました。

コルテスは昨年、WS第1戦で延長10回にフリーマンにサヨナラ満塁弾を打たれるという痛恨の締めくくりとなりましたが、先発として投げれば平均以上の活躍が見込めます。今季ウィリアムズと同程度の年俸である彼を受け取れたトレードは、**厳しい予算とコンテンダーとしてのチーム編成を両立させた**印象でした。

ウィリアムズのトレードではもう1人、小柄でスピーディーな内野手ケイレブ・ダービンも獲得しました。ちょうどアダメスがFAでジャイアンツへ移籍してしまったので、**内野のポジションが1つ宙に浮いていましたが、これにハマる**わけです。あまり予算がなく、ほかに目立った動きがないため、点数をつけると75点くらいの規模感になりますが、**トレードの内容自体はすごくよかった**と思います。

編成のトップが代われば、劇的にチームは変わります。MLBではトップが代わると、スタッフも総入れ替えになるので、監督やコーチの上位レベルは代わります。

現在はメッツのスターンズ氏が2015～2022年にブリュワーズで編成トップになってからは、お金はあまりかけられるチームではないのに、選手の育成や改造、なかでも**投手の育成がめちゃめちゃうまくなりました**。強みである投手力をとことん生かし、それを中心に突き抜けようなチームのスタイルが出来上がりました。

スターンズ氏は2022年を最後にブリュワーズを去りましたが、チームは下馬評がよくなかった昨季もぶっちぎりで地区優勝。**彼が築いた「勝利の文化」がしっかり根付いた**からこそ、こうしてまだまだ勝てるわけです。ですから、チームの文化やカルチャーは本当に大事なのです。

ブリュワーズの今オフ 主な移籍一覧

移籍	選手名	位置	前所属/行き先
IN	エルビン・ロドリゲス	投手	ヤクルト(日本)
	ネスター・コルテス	投手	ヤンキース
	タイラー・アレキサンダー	投手	レイズ
	ケイレブ・ダービン	二塁	ヤンキース
OUT	ウェイド・マイリー	投手	レッズ(マイナー)
	デビン・ウィリアムズ	投手	ヤンキース
	ジョー・ロス	投手	フィリーズ
	フランキー・モンタス	投手	メッツ
	コリン・レイ	投手	カブス
	ホビー・ミルナー	投手	レンジャーズ
	ゲーリー・サンチェス	捕手	オリオールズ
	ウィリー・アダメス	遊撃	ジャイアンツ

※位置はMLB公式参照

■セントルイス・カージナルス（2024年2位）…60点

昨季は、2023年のまさかの地区最下位から2位に浮上しましたが、今後は編成方針を変更。コンテンダーというよりは、**育成に重きを置くと明言**しています。

でも、そのわりにソニー・グレイやウィルソン・コントレラスらベテラン勢については、彼らがチーム愛からトレードされたくないと言っているからだと思うのですが、売らない方針のようです。

名三塁手ノーラン・アレナドをトレードで放出しようとしていますが、拒否権を持つ本人がアストロズへの移籍を断ったそう。2月に入って実はレッドソックスとトレードの話し合いをしていたことが報じられましたが、なかなか決まらない。昨季セーブ王ライアン・ヘルズリーもFAまで残り1年で、本来なら売り時ですが、こちらもとくに具体的な進展はなし。

コンテンダーからは「一歩後退する」とは言っていますが、育成目的の具体的な動きがあまりできていないように思います。

セントルイスは超大都会ではないのですが、カージナルスファンは熱狂的で、チームを愛する人たち。選手たちには「カージナルウェイ」という言葉があるように、伝統的に泥くさくプレーする野手が多いです。

意外なところから野手が出てくるんですよね。最もわかりやすい例だと、侍ジャパンのラーズ・ヌートバー。ドラフトも上位ではなく、プロスペクトとしてのステータスが高かったわけではない。でも、メジャーのレギュラークラスになりました。ドジャースへ移籍したトミー・エドマンもそう。野手がひょいっと伸びてくる傾向があります。

このオフは主力選手のＦＡが続きます。ゴールドシュミットはすでにヤンキースに決まり、アンドリュー・キットレッジはオリオールズ。カイル・ギブソン、ランス・リンと再契約もしないようです。育成寄りの編成にするということは、これまでのチームの信条も育成方針も変えなければいけない。**ここ最近まではベテランの先発投手で打たせて取るタイプを好みがちでした。しかし、チームとしての天井が見えつつあることから、このオフから育成にシフト**する。根底の考え方を変える変革期を迎えています。

カージナルスの今オフ 主な移籍一覧

移籍	選手名	位置	前所属/行き先
IN	―	―	―
OUT	アンドリュー・キットレッジ	投手	オリオールズ
	ランス・リン	投手	FA
	カイル・ギブソン	投手	FA
	キーナン・ミドルトン	投手	FA
	ポール・ゴールドシュミット	一塁	ヤンキース
	ブランドン・クロフォード	遊撃	現役引退
	マット・カーペンター	DH	FA

※位置はMLB公式参照

■シカゴ・カブス（2024年3位）…70点

この冬は、アストロズから2023年打点王タッカーを連れてきたことが大きな目玉でした。ただし今季でＦＡになるので、このシーズンに勝負をかけてきたような動きはあります。

しかし昨夏は、**3年保有できるパレデスを獲得したので、数年先まで考えながらやっていくのかな**と思っていました。でも、全然カブスにフィットしなかった。だから、タッカーのトレードにパレデスを突っ込んだわけです。

では、**今季はオールインで全力で行くぞという姿勢かといえば、そうは見えない行動**をしています。先発の補強は、マシュー・ボイドとコリン・レイの2人。ソリッドな活躍は見込めるかもしれませんが、それ以上ではなく、ちぐはぐ感はぬぐえません。

タッカーを獲るなら、先発でもコービン・バーンズのようなクラスを狙うならわかる。ですが、**「今年にかけるぞ！」と言う割に、タッカー以外の補強は中途半端**といわざるを得ません。編成のスタンスにちょっと疑問符がつきます。

ご存じの通り、伝統のあるチームで大都市シカゴが本拠地。お金もMLBでトップクラスに使えるはずなのですが、ソト獲得戦線にも加わっていませんし、やたらとベリンジャーを売りたがっていたこともよくわからない。昨季はペイロールがぜいたく税対象の上限をちょっとだけ超えてしまったので、もしかしたら今季は少し下げたいのかもしれません。

とはいえ、**昨季wRC+101と平均的だった打線にタッカーが加わったのは大きい**と思います。今季28歳シーズンを迎えるタッカーは、右翼手として攻守両方に優れています。2021年以降MLB有数の外野手としてオールスター3度、2023年はMVP投票5位にランクイン。同期間通算のOPS・888、Baseball Reference算出のWARは21・2と、単純計算で年平均4勝、5勝分の上積みが期待できる選手ですから、打線の強化としてはいい補強でした。

昨季は自打球で脛骨骨折に見舞われ、3カ月も長期離脱しましたが、出場していたときの成績はキャリアハイレベルで、78試合23本塁打、ｗＲＣ＋１８０。**フルシーズン出ることができたら、ＭＶＰ投票でかなり上位にランクインしていた可能性**は高かったでしょう。

今季終了後には、そのタッカーがＦＡとなります。ソトまではいかないかもしれませんが、かなり大規模な契約にはなるでしょう。そこにも注目ですね。

カブスの今オフ 主な移籍一覧

移籍	選手名	位置	前所属/行き先
IN	マシュー・ボイド	投手	ガーディアンズ
	ケイレブ・シールバー	投手	ツインズ
	イーライ・モーガン	投手	ガーディアンズ
	コディ・ポティート	投手	ヤンキース
	コリン・レイ	投手	ブリュワーズ
	ライアン・プレスリー	投手	アストロズ
	カーソン・ケリー	捕手	レンジャーズ
	ビダル・ブルーハン	遊撃	マーリンズ
	カイル・タッカー	右翼	アストロズ
OUT	ドリュー・スマイリー	投手	FA
	ヘイデン・ウェズネスキー	投手	アストロズ
	カイル・ヘンドリックス	投手	エンゼルス
	ホルヘ・ロペス	投手	ナショナルズ
	アドバート・アルゾレイ	投手	メッツ(マイナー)
	パトリック・ウィズダム	一塁	起亜(韓国)
	マット・マービス	一塁	マーリンズ
	コディ・ベリンジャー	一塁/外野	ヤンキース
	ニック・マドリガル	三塁	メッツ
	イーサック・パレデス	三塁	アストロズ
	マイク・トークマン	右翼	ホワイトソックス

※位置はMLB公式参照

■シンシナティ・レッズ（2024年4位）：75点

本拠地がそこまでの大都市ではないので、湯水のようにお金を使えるわけでもなく、最近の基本は、自前で育成した選手をチームのコアに据えています。野手がとくに順調で、**エリー・デラクルーズやTJ・フリードル**がいい例。ほかにもスペンサー・ステア、マット・マクレインらもそうです。

FA市場に参戦するときは、勝負するときとそうでないときを明確に分けてくるタイプ。2019年オフは複数の大型契約を出し、FAに積極投資で勝負を仕掛けました。そうしたら新型コロナ禍に見舞われ、一歩後退せざるを得なくなりました。

このオフも、かつてNPBでもプレーした右腕ニック・マルティネスにクオリファイング・オファーを出して残留してもらい、出塁能力に長けるジョナサン・インディアをトレードして、**先発右腕ブレイディ・シンガーを連れてくるなど、コンテンダーとして補強をしっかりやる姿勢**はみせました。

このトレードはよかったと思います。内野陣が余剰気味なので、ずっとトレード候補だったインディアで、計算の立つ先発投手を獲得できたわけです。

もう1件、ヤンキースの控え捕手ホセ・トレビーノを獲得したトレードも行いました。対価として、リリーフで支配的な投球をみせてくれそうなフェルナンド・クルーズを放出しました。「結構出したな」が正直な感想で、控え捕手にそこまで突っ込むのかとも感じましたね。トレビーノはMLBでも屈指のフレーミング技術の持ち主で、レッズは彼の守備を相当買っているのでしょう。

年明けからは昨季低調だった打線の補強として、トレードでドジャースのギャビン・ラックスを獲得し、さらにフィリーズFAのオースティン・ヘイズとも契約。ラックスは昨季後半戦は絶好調だったこと、ヘイズは2023年オールスターに選出された当時の姿を取り戻すことに期待しての獲得でしょう。ブルペンにはジャイアンツから昨季64登板で防御率2・40だったテイラー・ロジャースを獲得し、こちらも補強に成功しています。

個人的には、昨季開幕前はレッズにとても期待していました。いい若手野手が揃っていたはずでしたが、故障者が続出。とくにルーキーイヤーの２０２３年に活躍したマクレインは、ほぼシーズン絶望の負傷。外野手フリードルもケガで離脱しました。このほか、期待のノエルビ・マーテの禁止薬物使用の発覚などもあり、シーズンを通して波に乗れないままでした。

一方で、投手陣はここ2年はイマイチだった**ハンター・グリーンが26先発で防御率2・75と、ポテンシャル通りの大ブレイク**。オールスターにも出場しました。先発ではアンドリュー・アボットもソリッドな活躍を見せてくれましたが、打線の微妙さをカバーするほどではありませんでした。

昨季はチーム得失点差がプラスなのに、負け越しました。僅差のゲームを取れなかったことも一因であり、今季は投打でステップアップが必要でしょう。

レッズの今オフ 主な移籍一覧

移籍	選手名	位置	前所属/行き先
IN	ブレイディ・シンガー	投手	ロイヤルズ
	テイラー・ロジャース	投手	ジャイアンツ
	ホセ・トレビーノ	捕手	ヤンキース
	ギャビン・ラックス	二塁	ドジャース
	オースティン・ヘイズ	外野	フィリーズ
OUT	ジャスティン・ウィルソン	投手	レッドソックス
	バック・ファーマー	投手	ブレーブス(マイナー)
	ジェイコブ・ジュニス	投手	ガーディアンズ
	フェルナンド・クルーズ	投手	ヤンキース
	ルーク・メイリー	捕手	ロイヤルズ(マイナー)
	アレックス・ジャクソン	捕手	ヤンキース
	タイ・フランス	一塁	ツインズ
	ジョナサン・インディア	二塁	ロイヤルズ
	アーメド・ロサリオ	右翼/内野	ナショナルズ
	ジョーイ・ウィーマー	左翼	ロイヤルズ

※位置はMLB公式参照

■ピッツバーグ・パイレーツ（2024年5位）…65点

2010年代に「ビッグデータ・ベースボール」と呼ばれるデータ分析の手法をいち早く採用していました。守備面ではアウトを増やすシフトの敷き方、捕手であればフレーミングなどの重要性に気づき、それをきっかけに暗黒時代を抜け出すことができました。でも、そこにこだわって次のトレンドにうまく移行することができなかった。**投手陣はシンカーを武器に打たせて取るチームを組んでいましたが、そこにフライボール革命**が起きました。当時のボールが飛びやすかったせいもあると思いますが、**低めのシンカーがスタンドへ全部持っていかれるようになった**のです。

再建中の昨季は地区最下位でしたが、ドラフト全体1位の剛腕ポール・スキーンズが新人王に輝きました。スキーンズを中心に投手陣はしっかりしつつあるので、これから**打線をもう少し伸ばしていければ、「ビッグデータ・ベースボール」後の立て直しもようやく終わる**のだと思います。

実際には、昨季から勝つことに徐々にシフトしていく時期に入っていると思います。前オフには残り1年のベテラン選手たち、メジャー最速左腕アロルディス・チャプマン、ベテラン左腕マーティン・ペレス、左腕マルコ・ゴンザレス、外野手マイケル・テイラーを獲得し、空いているポジションに入れていきました。スタンスとしては「あわよくば勝ちたい。ダメだったら夏場に売る」だったと思います。

昨季は想像以上に投手陣の活躍が印象的でした。**MLBのなかでゴールデンルーキーが2人もパイレーツにいる。**スキーンズは新人王を獲得しましたし、2020年ドラフト2巡目（全体44位）のジャレッド・ジョーンズはデビューイヤーで先発ローテを守りました。そこに、パイレーツ6年目のミッチ・ケラーを加えて先発三本柱が出来上がりました。コンテンダーを目指すにあたっては、この三本柱をチームの中心としていくのでしょう。球界屈指の投手有望株バッバ・チャンドラーの昇格も控え、強力な先発陣を形成できる可能性があります。

打線は依然として課題です。昨年7月末の時点では、ナ・リーグのワイルドカード争いがまだ団子状態だったので、もしかしてプレーオフに行けるのではないかと希望が持てるくらいの戦いぶりでした。でも、オニール・クルーズ、ブライアン・レイノルズはいるけれど、打線としてはワーストクラスの成績が足を引っ張った感は否めません。

昨夏の打線補強もかなり控えめでしたが、このオフもその方針があまり変わっていません。ガーディアンズとのトレードであと6年保有できるホーウィッツを獲得し、安く長く保有できる野手を獲得できた点はよかったですが、それに続く動きがややガッカリ。

ホーウィッツ獲得で補強費を節約できたにもかかわらず、トミー・ファムやアダム・フレイジャーと格安契約で済むベテラン野手と契約したのみで、**昨季から打線が大きく強化されたとは言い難い。中地区は比較的チャンスが多い地区にもかかわらず、その状況を生かそうとしていないように感じてしまいます。**

パイレーツの今オフ 主な移籍一覧

移籍	選手名	位置	前所属/行き先
IN	ケイレブ・ファーガソン	投手	アストロズ
	ティム・メイザ	投手	ヤンキース
	スペンサー・ホーウィッツ	一塁	ブルージェイズ（ガーディアンズ経由）
	アダム・フレイジャー	二塁	ロイヤルズ
	トミー・ファム	外野	ロイヤルズ
OUT	マルコ・ゴンザレス	投手	FA
	アロルディス・チャプマン	投手	レッドソックス
	ルイス・オルティス	投手	ガーディアンズ
	ジャレン・ビークス	投手	FA
	コナー・ジョー	一塁	パドレス
	ヤスマニ・グランダル	捕手	FA

※位置はMLB公式参照

昨季新人王のポール・スキーンズ（パイレーツ）

ナ・リーグ 西地区

■ロサンゼルス・ドジャース（2024年1位）…95点

もし、ソトがドジャース入りしていたら、打順は1番から「大谷、ベッツ、フリーマン、ソト」。もう、小学生がゲームで考えた最強上位打線でしたね（笑）。

ソトのメッツ入りが決まった日に、ドジャースはジャイアンツFAの外野手マイケル・コンフォートを獲得し、救援右腕ブレーク・トライネンと再契約しました。コンフォートはプラトーン要員。左打者で、左投手は苦手ですが、右投手には強い。ですから、相手が左投手の場合に起用されるのは同じ外野のアンディ・パヘスでしょう。

ソト獲得は難しくなってきたと判断し、コンフォートとトライネンとの契約を決めた。「堅実な動きをする」といわれましたが、**動きは堅実かもしれないけれど、2人に使ったお金は総額3900万ドル（約60億5000万円）**。何ともぜいたくな話です。

最近のドジャースは「新・悪の帝国」。結局ソトはメッツへ移籍しましたが、ドジャースは豪華先発陣が揃いそうです。

サイ・ヤング賞2度受賞も、年によってムラが激しいブレイク・スネルと5年総額1億8200万ドル（約282億円）。今季で32歳ですし、長期の大型契約に普通は二の足を踏むところですが、**ドジャースは先発により多くのイニング数を投げることよりも、最大値の高さを求めています。**

ケガが多いグラスナウを2023年に獲得した理由も同じです。最大値の高さでは、FA市場のバーンズやフリードもいましたが、スネルの最大値は彼らよりも上と考えることはできます。

さらに、ドジャースは佐々木投手の獲得戦線を制したばかりか、このオフのリリーフFA市場ナンバーワンの存在だったスコットとも4年契約。昨季レンジャーズの守護神として活躍したカービー・イェーツまでも加え、先発・ブルペンともに大幅に強化されました。すべてが思い通りに進んだといってもいいでしょう。

昨年WSでは4年ぶり8度目の制覇を成し遂げました。大谷選手は左肩亜脱臼で強行出場しましたが、WSでは思うような打席ではなかったと思います。それはある意味、**今のドジャースは大谷選手がケガで離脱したとしても、十分強いことの証明**でもあります。

誰か1人が悪くても勝てるという状態を続けることが、真に強いチームだと思います。スター選手がもしコケても、ほかがカバーできる。ドジャースはそれができた。チームスポーツの真髄ですね。

今年の春季キャンプで投手としても調整する大谷翔平（ドジャース）

ドジャースの今オフ 主な移籍一覧

移籍	選手名	位置	前所属/行き先
IN	ブレイク・スネル	投手	ジャイアンツ
	佐々木朗希	投手	ロッテ(日本)
	カービー・イェーツ	投手	レンジャーズ
	タナー・スコット	投手	パドレス
	金慧成	二塁	キウム(韓国)
	マイケル・コンフォート	外野	ジャイアンツ
OUT	ジャック・フラハティ	投手	タイガース
	ウォーカー・ビューラー	投手	レッドソックス
	ダニエル・ハドソン	投手	現役引退
	ジョー・ケリー	投手	FA
	ギャビン・ラックス	二塁	レッズ
	ケビン・キアマイアー	中堅	現役引退

※位置はMLB公式参照

今季ドジャースに加入したブレイク・スネル

■サンディエゴ・パドレス（2024年2位）…70点

ニック・ピベッタ獲得まで戦力補強がほとんど進んでいませんでした。マリナーズなどと同様に、予算が非常に厳しく、動きたくても動けなかったのだと思います。**最も有効な手段は、3年連続首位打者ルイス・アラエスのトレード**だと思います。ですが、アベレージがいくら高くても昨季はwRC＋が109程度で、守備は一塁でさえマイナス。それでいて年俸が1400万ドル（約22億円）と安くないことから、なかなかトレード相手が見つかりません。補強資金のめどが立たないなか、2月中旬にピベッタと4年総額5500万ドル（約85億3000万円）の契約を結んだのは大きなサプライズ。今季終了後にキングとエース右腕ディラン・シースのFAを控えることから、来季以降も見据えた先発補強とも考えられますが、シースのトレードによって補強の選択肢をつくりたい思惑もありそうです。

ファンにも愛されたオーナー、ピーター・サイドラー氏が亡くなり、放映権収益の問題で予算規模を下げ、長期契約の多さも重荷と、悪い条件が揃っています。補強するにしてもペイロールは増やせない。補強ポイントは依然残っていますが、開幕までに前述のアラエスやシース、あるいは守護神のロバート・スアレスあたりを使ったトレードも模索していきそうです。

ただし、**パドレスの編成トップ、プレラー氏は何を仕掛けてくるかわからない**。あまりリスクを恐れず、マイナーをすっからかんにしてでも補強してくることもあります。**プレラー氏はすっからかんにもしますが、その後再整備するのもうまい**。また、あっと驚かせる動きをするかもしれません。

昨夏のトレードデッドラインでプロスペクトを大判振る舞いしてしまったので、残るは、どの媒体を見ても**パドレスのプロスペクトランキング1位か2位のイーサン・サラス、レオダリス・デフリース**。もし、先ほど挙げた3選手のトレードが成立しない場合、本当に守りたいこの2人を使わないと、トレードでも大物選手の獲得は容易には成立しないかもしれません。

パドレスの今オフ 主な移籍一覧

移籍	選手名	位置	前所属/行き先
IN	カイル・ハート	投手	NC(韓国)
	ニック・ピベッタ	投手	レッドソックス
	コナー・ジョー	一塁	パイレーツ
	ジェーソン・ヘイワード	外野	アストロズ
OUT	マーティン・ペレス	投手	ホワイトソックス
	タナー・スコット	投手	ドジャース
	カイル・ヒガシオカ	捕手	レンジャーズ
	ドノバン・ソラーノ	内野	マリナーズ
	金河成	遊撃	レイズ
	ジュリクソン・プロファー	外野	ブレーブス
	デビッド・ペラルタ	外野	FA

※位置はMLB公式参照

■アリゾナ・ダイヤモンドバックス（2024年3位）…80点

ツインズ、マリナーズと同じくらいファンが悲しんでいるであろう球団はダイヤモンドバックスだと思っています。昨季はシーズン終了後、悪天候の影響でブレーブスーメッツのダブルヘッダーがシーズン終了後に行われました。結果次第では、ダイヤモンドバックスにもプレーオフ進出の可能性が残っていました、

しかし、プレーオフ進出はブレーブスとメッツ。シーズンの最後の最後で一番苦しみを味わったチームでした。

2023年はWSに進出。多くのチームが放映権収益問題でペイロールの削減に追われているなかで、**オーナーのケン・ケンドリック氏はWSに進出したオフも補強はするという姿勢を早い段階で見せていました。**結果的に的確に穴を埋めた状態で昨季に臨むことができたと思います。

この冬は、ウォーカーがFAとなって一塁が空いたため、ガーディアンズからネイラーをトレードで獲得。**一塁手ウォーカーと、対右投手で起用される左の長距離砲ピーダーソンが抜けたところに、2人が担っていた役割を1人で満たせるネイラー**。非常にいいトレードです。

ネイラーの対価で放出したのが、メジャー2年目右腕のセコーニ。ガーディアンズは彼にすごくポテンシャルを感じているようです。のちにセコーニが活躍するかもしれませんが、ダイヤモンドバックスでは彼の力を生かせていなかったことも事実なので、それであればトレードに使うのが一番理想的です。

この冬一番のサプライズは、ダイヤモンドバックスがFAの先発投手でナンバーワンのバーンズと6年総額2億1000万ドルで契約したことでしょう。ダイヤモンドバックスとは本当にサプライズもサプライズ。まさかの結末でした。

ダイヤモンドバックスのニーズには必ずしも合致していないんです。先発陣はザック・ギャレン、メリル・ケリーら実力のある投手が揃っている。そして、資金的にすごく裕福とはいえない。最初に放映権収益問題に直面した球団でもありますし、ペイロールは昨年と同規模で組むと明言しているなかで、バーンズという超大物がいきなり登場。誰も想像していませんでしたが、先発陣がさらに強力となりました。

アリゾナを選んだ理由は、家族のことでした。昨年6月に双子のお子さんが生まれたことで、バーンズは自宅があるアリゾナで家族と一緒に過ごす生活を求め、ダイヤモンドバックスにアプローチをかけた。驚いた球団はリスクや何やかんやも検討し、最終的にオーナーが決断。一流選手が自分から「ダイヤモンドバックスへ行きたい」と言ってくれるチャンスなんてそうそうない。ここで**気前よくポンと支出にゴーを出すなんて、本当に素晴らしいオーナー**です。アプローチから1週間以内で契約が決まったという話が出ていました。

基本的には自分を高く評価してくれる球団へ行くものですが、野球選手も、やっぱり一人の人間。**それこそサラリーマンと同じですよね。「転勤は嫌だ」みたいな感情**が、野球選手にもあるわけです。もちろん、バーンズのような一流選手だから実現したわけですが、人間味を感じるエピソードでした。

6年契約ですが、2年目終了後にオプトアウトを選択できる内容なので、順当にいけばそこでオプトアウトし、もっと高く買ってくれるチームに行くかもしれません。

後払いも少し含まれ、契約の後半が金額が高くなる設計となっているため、**球団的に2年でいなくなることを念頭に置いている**と思います。

ダイヤモンドバックスは**昔から編成のうまさでは優等生。球団拡張にともなって1997年に創設され、たった4年で世界一**になっています。当時から編成がうまく、ランディ・ジョンソンやカート・シリングを連れてきて、補強がほぼ完璧に当たったこともありました。

現在のマイク・ヘーゼンGMも、模範的でソツのない編成をしてきます。ダイヤモンドバックスの**ファンからも信頼されている編成トップ**です。

ダイヤモンドバックスの今オフ 主な移籍一覧

移籍	選手名	位置	前所属/行き先
IN	コービン・バーンズ	投手	オリオールズ
	ケンドール・グレーブマン	投手	アストロズ
	ジョシュ・ネイラー	一塁	ガーディアンズ
OUT	ポール・シーウォルド	投手	ガーディアンズ
	スレイド・セコーニ	投手	ガーディアンズ
	ジョシュ・ベル	一塁	ナショナルズ
	クリスチャン・ウォーカー	一塁	アストロズ
	ケビン・ニューマン	内野	エンゼルス
	ジョク・ピーダーソン	DH	レンジャーズ

※位置はMLB公式参照

■サンフランシスコ・ジャイアンツ（2024年4位）…80点

サンフランシスコという大都市にあって、お金も使える。さまざまなスター選手に食指を動かすのですが、**最近はスター選手を呼ぶことができていません。**

最もショックだったのが、2022年オフにFAとなったアーロン・ジャッジの件です。ベイエリア出身なのでサンフランシスコは地元に近い。ヤンキースとの二択で、米ニューヨーク・ポスト紙のジョン・ヘイマン記者がジャイアンツに行くとまで報道したのに、ヤンキースに残留してしまいました。

前編成本部長のファーハン・ザイディ氏はマーケットの大きさを生かした資金力でFA選手に手を出して、2021年はそれが奏功して地区優勝にこぎつけました。ですが、それ以外はうまくいかずにクビに。このオフから、**ジャイアンツを3度の世界一に導いた名捕手ポージー氏が編成トップ**になりました。

「名選手、名監督にあらず」という言葉がありますが、個人的にポージー氏には名フロントでもあってほしい。あまりフロントの経験がないまま編成トップになったのが少し懸念点ですが、今の現役選手にとっては大スター。マット・チャプマンとの契約にも間に入ったそうですし、彼の人望も含め、少し風向きは変わるかもしれません。

ポージー氏は就任して早速、FA市場の目玉である遊撃手アダメスを7年契約で獲得しました。これまでなかなか呼べなかった大物をいきなり連れてくることができたわけです。

遊撃にグラウンド内外でインパクトを残せるアダメス、三塁にチャプマン。MLBのなかでもレベルの高い三遊間になりました。

アダメスはクラブハウス内での評価も高い。ブリュワーズでは、**昨年期待のルーキーだったジャクソン・チョウリオがなかなかメジャーリーグに適応できずに苦しんでいる時期、練習に付き合ってあげるなどしてサポート**したそうです。チョウリオは6月ぐらいから大活躍し、9月にはメジャー史上最年少20歳で「20－20」を達成しました。

フィールド上の数字に表れない部分でも貢献が見込める。チームの中心選手として、非常にいい選手がジャイアンツに加わりました。

先発ではスネルがドジャースへ移籍し、その穴をどう埋めるのか注目していました。志願してダイヤモンドバックスへ行ったバーンズにもオファーはしたという話もあったので、バーンズが来たら「90点をあげてもいい」と思っていたら、**バーンズではなく大ベテラン右腕ジャスティン・バーランダーがやってきました。**

アストロズをFAとなったバーランダーは昨季、自己ワーストともいえるシーズンでした。ただ、昨季の不振は首の怪我から焦って復帰した影響も考えられ、万全なら今季が42歳シーズンとはいえ、まだまだ投げられるはず。2022年のサイ・ヤング賞フォルムとは言わずとも、2023年の27先発防御率3・22くらい投げられたら文句なしでしょう。バーランダーは当初**ジャイアンツが獲得に興味を持っていると思っていなかったようですが、ポージー氏に直接くどかれて移籍を決断**したとか。ポージー氏はベテランの心に火をつけたのでしょう。

2010、2012、2014年にはWS制覇。ポージー氏は彼の現役時代がそうだったように、再び黄金期をもたらすことができるでしょうか。

ジャイアンツの今オフ 主な移籍一覧

移籍	選手名	位置	前所属/行き先
IN	ジャスティン・バーランダー	投手	アストロズ
IN	ウィリー・アダメス	遊撃	ブリュワーズ
OUT	ブレイク・スネル	投手	ドジャース
OUT	テイラー・ロジャース	投手	レッズ
OUT	カート・カサリ	捕手	ブレーブス(マイナー)
OUT	マイケル・コンフォート	外野	ドジャース
OUT	マーク・カナ	外野	FA

※位置はMLB公式参照

■コロラド・ロッキーズ（2024年5位）…65点

自前で育てた選手を好み、その選手をすぐに契約延長する癖があります。高い守備力を誇る遊撃手エセキエル・トーバーとも前オフに、7年契約をかわしました。

ロッキーズでは2000年代中盤から、素晴らしい遊撃手が続いています。トーバーも、そのトロイ・トロウィツキー、トレバー・ストーリーの系譜に連なりそうな存在です。トーバーは昨季、打撃面に成長がみられ、今のところ早々に契約延長した判断はいい方向に働いていると思います。一方で、同様に契約延長したアントニオ・センザテラ、カイル・フリーランドらは必ずしも金額に見合った活躍ぶりとはいえず、その判断が裏目に出ることもしばしば。

そして、トレードもあまりうまくない。勝てないチームなら、FA前の選手をトレードしなくてはならないところですが、最近では2021年夏、オフにFAを控えていた打線の柱ストーリーをトレードせず、あっさりとFAで流出。2023年オールスターMVP

の捕手エリアス・ディアスも売り時に売れず、昨季途中にリリースしています。

ロッキーズのトレードデッドラインには、いつも不可解なことが起こります。ディアスの場合、捕手は新しい環境で投手のことなどを学び直す必要があり、シーズン途中のトレードが難しい側面はありますが、選手が持つトレードバリューを十分に生かしきれていない場面が目立ちます。

この編成方針は、クアーズ・フィールドがあまりに特殊な環境であることも起因しているのかなと。**打者はクアーズで活躍しても、正当に評価されません。**ほとんどいませんが、クアーズで活躍している**投手もあまり正当に評価されません。**標高1600メートルに位置する球場なので、他チームとの比較が難しいのです。

とくに投手は、わざわざ打者天国のクアーズへ行きたいとは思わないでしょうから、外部から獲得しにくい。他球団では活躍しても、自分のところではうまくいかない事例が出やすくなる。もう少し同情されるべき存在かもしれないです。だから、自前で育てた選手をさっさと長期契約してしまう。そうせざるを得ない側面もあると思います。

引き続きの再建シーズンを送るなか、このオフは捕手ジェイコブ・スターリングズと再契約し、ツインズFAのカイル・ファーマーと1年契約。あとはジャイアンツFAの二塁手タイロ・エストラーダとも1年契約を結び、ちょこちょこと動いてはいますが、普通のチームならトレードデッドラインで売ることも視野に入れたベテラン選手をもう少し集めたいところではあります。

マイナーには、球界でも評価の高いプロスペクトが集まっています。昨年のドラフトでは全体3位指名でかなり有望なスラッガー候補チャーリー・コンドンを指名できましたし、2023年ドラフト全体9位指名の未来のエース候補、チェイス・ドーランダーも今や球界屈指の投手プロスペクトです。

投打ともに悪い状況ばかりではありませんが、この西地区で上位4チームを食うには難しい情勢ではあります。

ロッキーズの今オフ　主な移籍一覧

移籍	選手名	位置	前所属/行き先
IN	カイル・ファーマー	二塁	ツインズ
IN	タイロ・エストラーダ	二塁	ジャイアンツ
OUT	カル・クアントリル	投手	マーリンズ
OUT	ダニエル・バード	投手	FA
OUT	ブレンダン・ロジャース	二塁	FA
OUT	チャーリー・ブラックモン	外野	現役引退

※位置はMLB公式参照

2024年 ナ・リーグ順位表

順位	東地区	勝	敗	勝率	勝差	得点	失点	本塁打	盗塁	打率	防御率
1	フィリーズ	95	67	.586	―	784	671	198	148	.257	3.85
2	ブレーブス	89	73	.549	6	704	607	213	69	.243	3.49
3	メッツ	89	73	.549	0	768	697	207	106	.246	3.96
4	ナショナルズ	71	91	.438	18	660	764	135	223	.243	4.30
5	マーリンズ	62	100	.383	9	637	841	150	125	.244	4.73

順位	中地区	勝	敗	勝率	勝差	得点	失点	本塁打	盗塁	打率	防御率
1	ブリュワーズ	93	69	.574	―	777	641	177	217	.248	3.65
2	カージナルス	83	79	.512	10	672	719	165	91	.248	4.04
3	カブス	83	79	.512	0	736	669	170	143	.242	3.78
4	レッズ	77	85	.475	6	699	694	174	207	.231	4.09
5	パイレーツ	76	86	.469	1	665	739	160	106	.234	4.15

順位	西地区	勝	敗	勝率	勝差	得点	失点	本塁打	盗塁	打率	防御率
1	ドジャース	98	64	.605	―	842	686	233	136	.258	3.90
2	パドレス	93	69	.574	5	760	669	190	120	.263	3.86
3	ダイヤモンドバックス	89	73	.549	4	886	788	211	119	.263	4.62
4	ジャイアンツ	80	82	.494	9	693	699	177	68	.239	4.10
5	ロッキーズ	61	101	.377	19	682	929	179	85	.242	5.47

第4章

永久保存版！
116Wins的
「全30球団まとめ」
「観戦用語」

AL
歴史・概要

ヤンキースの名門たる理由から昨季熱かった中地区各球団の歴史も

MLB入門編だった前書「メジャーリーグは知れば知るほど面白い 人気野球YouTuberが教えるMLB観戦ガイド」では、相当数のページを割いて各球団の歴史をご紹介しました。全30球団それぞれに、現在に至るまでのストーリーがあり、それらに多少なりとも触れておくことは、MLBを趣味にするうえで非常に意義のあることだと考えたためです。時代によって各球団が取る戦略はさまざまで、その変遷を知ることもまた面白い部分だと個人的にも感じています。

今回はその内容を凝縮し、最新の動向も加えて改訂しました。データとして活用いただければと思います。

ア・リーグ東地区

■ニューヨーク・ヤンキース（2024年地区1位）

創設…1901年
本拠地…ニューヨーク州（ヤンキー・スタジアム）
優勝回数…地区21度、リーグ41度、WS27度（1923、27〜28、32、36〜39、41、43、47、49〜53、56、58、61〜62、77〜78、96、98〜2000、09年）
オーナー…ハル・スタインブレナー

前身は1901年のア・リーグ創設時にボルティモア・オリオールズ（現在のオリオールズとは異なる）としてスタート。1903年に本拠地をニューヨークへ移してニューヨーク・ハイランダーズとなり、1913年に愛称「ヤンキース」が正式に採用されました。

MLBきっての名門球団で、WS優勝はMLB歴代1位の27度。のちに殿堂入りした知将ケーシー・ステンゲル監督の下、1949〜1953年のWS5連覇、1926〜1964年の39年連続勝ち越しなど**多数の「歴代1位」記録**があります。

1920年にベーブ・ルースがレッドソックスから移籍し、第一次黄金期を迎えます。1927年には、ルースは「**Murderers'Row（殺人打線）**」の中軸を担い、当時のMLB記録となるシーズン60本塁打。通算本塁打王12度のうち10度がヤンキース時代です。

各年代で多くのスター選手を輩出しています。1934年三冠王**ルー・ゲーリッグ**、MVP3度受賞・1941年史上最多56試合連続安打の**ジョー・ディマジオ**。スイッチヒッターとして初の1956年三冠王**ミッキー・マントル**、「**The Captain**」ことデレク・ジーター、MLB歴代1位のセーブ王マリアノ・リベラと枚挙にいとまがありません。

1973年に球団を買収した名物オーナー、**〝ザ・ボス〟ジョージ・スタインブレナー**が積極的にFA制度を活用し、札束攻勢でチームを強化。レッドソックスのラリー・ルキーノCEOが「Evil Empire（悪の帝国）」と呼んだことから、金満球団の意味で「悪の帝国」と表現されることも。

■ボルティモア・オリオールズ（2024年地区2位）

創設…1901年
本拠地…メリーランド州（オリオール・パーク・アット・カムデンヤーズ）
優勝回数…地区10度、リーグ7度、ワールドシリーズ3度（1966、70、83年）
オーナー…デビッド・ルーベンスタイン

1901年に創設され、1969年の東西2地区制導入以来東地区に所属。当初の本拠地はウィスコンシン州ミルウォーキーでしたが、1902年にミズーリ州セントルイスへ移転。「セントルイス・ブラウンズ」となり、1954年に現本拠地移転で現球団名に変更。

1966年は同年三冠王の強打者フランク・ロビンソン、16年連続ゴールドグラブ賞の「人間掃除機」こと三塁手ブルックス・ロビンソンらを擁してWS初優勝。**大谷選手が2024年に達成した「両リーグMVP」は1966年ロビンソン以来58年ぶりでした。**ロビンソンは1960～1970年代に黄金時代を築き、**現役引退後はアフリカ系アメリカ人初のMLB監督に就任。**連続試合出場でMLB歴代1位の2632試合の**「鉄人」カル・**

リプケンJr.も代表的な選手です。

近年は2021年に110敗など低迷しましたが、2023年に101勝。チームの顔となった捕手アドリー・ラッチマン、2023年新人王のガナー・ヘンダーソンをはじめ、低迷期に獲得した若手が台頭し、黄金期を迎えようとしています。

■ボストン・レッドソックス（2024年地区3位）

創設…1901年
本拠地…マサチューセッツ州（フェンウェイ・パーク）
優勝回数…地区10度、リーグ14度、WS9度（1903、12、15〜16、18、2004、07、13、18年）
オーナー…ジョン・ヘンリー

1901年ア・リーグ創設と同時に誕生した老舗球団で、当時から現本拠地。創設当初は通称「アメリカンズ」などで呼ばれたそうです。初期のチーム名「ボストン・ピルグリムス」から、1908年に現名称へ。熱狂的なファンが多く、ヤンキースは永遠のライバルです。

最優秀投手賞「サイ・ヤング賞」の本人、サイ・ヤングがカージナルスから移籍して1901～1908年に在籍。その1年目に投手三冠を達成し、1903年にはWS初代王者に輝きました。

ルースが最初に所属した球団であり、**本格的な投打二刀流はレッドソックス時代**。オールスター19度選出の〝打撃の神様〟テッド・ウィリアムズもおり、**伝統として打線が看板**です。

1918年を最後にWS制覇から遠ざかった現象は「バンビーノの呪い」と呼ばれました。86年ぶりのWS制覇で〝呪い〟を解いた2004年を含め、いち早くデータ分析を採用して以降3度世界一に輝いています。

■タンパベイ・レイズ（2024年地区4位）

創設…1998年
本拠地…フロリダ州（ジョージ・M・スタインブレナー・フィールド＝暫定）
優勝回数…地区4度、リーグ2度、WSなし
オーナー…スチュアート・スターンバーグ

1998年、28球団から現30球団へのエクスパンション（球団拡張）時に現本拠地で誕生。当初の球団名はイトマキエイを意味する「レイ」を織り込んだ「タンパベイ・デビルレイズ」。2008年の現名称変更で「レイ」は光線を意味するように。

WS未制覇5球団のうちの一つで、2020年はドジャースに敗れるなど2度進出もいずれも敗退しています。デビルレイズ時代は〝お荷物球団〟でしたが、2008年に地区、リーグで初優勝。資金力は乏しく、ペイロールもMLBワーストクラスですが、**データ分析を駆使した編成に長けています**。野手では中南米から有望な原石を発掘し、育成して戦力にする。故障しやすい投手はメジャーリーグ内で埋もれた才能に目をつけて育成する。**潤沢な資金を持つ球団を相手に、頭脳で強さを維持しているイメージ**です。

■トロント・ブルージェイズ（2024年地区5位）

創設…1977年
本拠地…カナダ・オンタリオ州（ロジャーズセンター）
優勝回数…地区6度、リーグ2度、WS2度（1992、93年）
オーナー…ロジャーズ・コミュニケーションズ

1977年、ア・リーグで12球団から14球団への球団拡張時に現本拠地に誕生。試合前にはアメリカ国歌とカナダ国歌が演奏されます。**MLBではアメリカ以外に本拠地のある初のワールドシリーズ優勝球団で、1992、1993年に連覇を果たしています。**

創設当初は5年連続最下位で、うち初年から3年連続で100敗。徐々に力をつけて、1985年に球団初の地区優勝を果たしました。**本拠地球場・ロジャーズセンターは1989年に世界初の開閉式ドーム球場「スカイドーム」として開設**されました。代表的な選手は1986年打点王、1993年WS第6戦フィリーズ戦で世界一を決めるサヨナラ弾を放ったジョー・カーター。通算203勝を挙げたロイ・ハラデイは在籍中の2003年に最初の最多勝、サイ・ヤング賞を獲得しました。

ア・リーグ 中地区

■クリーブランド・ガーディアンズ（2024年地区1位）

創設…1901年
本拠地…オハイオ州（プログレッシブ・フィールド）
優勝回数…地区12度、リーグ6度、WS2度（1920、48年）
オーナー…ラリー・ドーラン

1901年のア・リーグ創設と同時に現本拠地に誕生し、1915年「インディアンス」、2022年「ガーディアンズ」に名称変更。WS最後の制覇は1948年。地元鉄鋼業が衰退し、1954年WS進出を最後に低迷期へ。その低迷ぶりは**1989年の映画「メジャーリーグ」のモデル**です。

代表的な選手は最多勝6度、奪三振王7度の右腕ボブ・フェラー。1940年には開幕戦で史上初のノーヒッターを達成し、投手三冠を飾るなど通算266勝を挙げ、その剛速球から「**火の玉投手**」と呼ばれました。

1994年に新球場がオープンすると、翌1995年に41年ぶりのWS進出。この時代には1999年打点王のマニー・ラミレス、1992〜1996年に5年連続盗塁王のケニー・ロフトンらが活躍しました。WS優勝から77年遠ざかっていますが、投手育成に定評があります。

■カンザスシティ・ロイヤルズ（2024年地区2位）

創設…1969年
本拠地…ミズーリ州（カウフマン・スタジアム）
優勝回数…地区7度、リーグ4度、WS2度（1985、2015年）
オーナー…ジョン・シャーマン

1969年にア・リーグの10球団から12球団への球団拡張時に現本拠地で誕生しました。スタジアム外野の噴水は名物で、美しい球場としても有名です。

拡張球団は初期に低迷しがちですが、ロイヤルズは**初年度から1995年まで36年間最**

下位がなかった珍しい球団。1976年から10年間で6度地区優勝を飾り、当時はジョージ・ブレットが1976、1980、1990年に首位打者を3度受賞しています。

1985年には、メジャー2年目の右腕ブレット・セイバーヘイゲンが20勝を挙げ、WS第7戦でカージナルスを完封して初制覇へ導きました。以降は低迷しましたが、2014年に29年ぶりのWS出場、翌2015年にはスピードを前面に押し出した野球で2度目の世界一。2024年は前年の106敗から一転、プレーオフ進出まで駆け上がりました。

■デトロイト・タイガース（2024年地区3位）

創設…1901年
本拠地…ミシガン州（コメリカ・パーク）
優勝回数…地区7度、リーグ11度、WS4度（1935、45、68、84年）
オーナー…クリス・イリッチ

1901年、ア・リーグ創設と同時に現本拠地で誕生した球団の一つ。代表的な選手は〝**球聖**〟**タイ・カッブ**。首位打者12度を数え、当時歴代1位の通算打率3割6分6厘を残しました。

初の世界一は1935年。頭文字から「**Gメン**」と呼ばれた主力トリオの一人、4番グース・ゴスリンがカブスとの第6戦で世界一を決めるサヨナラ打を放ちました。ほかにも、通算3007安打の〝Mr.タイガー〟アル・ケーラインも有名で、伝統的には打線のチームです。

1968年には右腕デニー・マクレーン、打線ではケーライン、ノーム・キャッシュの中軸コンビが活躍して3度目のWS制覇。近年では2011年にジャスティン・バーランダーが投手三冠を獲得し、2012年には**ミゲル・カブレラがMLB45年ぶりの三冠王**に輝きました。以降は再建期が長びきましたが、2024年は終盤の快進撃で10年ぶりのプレーオフ進出を果たしました。

■ミネソタ・ツインズ（2024年地区4位）

創設…1901年
本拠地…ミネソタ州（ターゲット・フィールド）
優勝回数…地区13度、リーグ6度、WS3度（1924、87、91年）
オーナー…ジム・ポーラッド

1901年、ア・リーグ創設とともに「ワシントン・セネタース」として誕生。当時の本拠地はワシントンD.C.で、1961年に現在のミネアポリスへ移転しました。

1904年に球団ワーストの38勝113敗などの低迷期を経て、1924年にWS初進出で初制覇。以降は再び低迷しますが、1967年に〝安打製造機〟**ロッド・カルー**がメジャーデビューし、1969年から地区連覇。カルーは1978年までの在籍中に首位打者7度で孤軍奮闘しました。

1987年に63年ぶり2度目のWS制覇、1991年には史上初の前年最下位対決のWSでブレーブスを破って3度目の制覇。近年は地区では強豪ですが、プレーオフでは18連敗を喫してようやく2023年に連敗ストップ。堅実な強さを持っているチームですが、昨季は土壇場でプレーオフ進出を逃し、今季はオーナーが代わる可能性が高い状況です。

■シカゴ・ホワイトソックス（2024年地区5位）

創設…1901年
本拠地…イリノイ州（レート・フィールド）
優勝回数…地区6度、リーグ6度、WS3度（1906、17、2005年）
オーナー…ジェリー・ラインズドルフ

1901年のア・リーグ創設と同時に誕生し、同年リーグ優勝の「ア・リーグ初代王者」。創設当時から現本拠地ですが、地区制導入の1969年からは西地区、1994年以降は中地区。1906年にシーズン打率2割3分の貧打線でWS初制覇。WSでも第4戦までチーム安打数が1試合平均3安打未満だったため、「**ヒットレス・ワンダーズ（貧打の驚異）**」と呼ばれました。

1919年には敗れたWSで八百長疑惑が起き、8選手追放の「ブラックソックス事件」

が勃発。**2005年、スモールベースボールで88年ぶりに古豪復活となる世界一**に輝きました。過去の名選手には1936、1943年首位打者の殿堂入り遊撃手ルーク・アップリング、1997年首位打者、シーズンMVPを2度獲得した強打者フランク・トーマスら。

2021年に13年ぶりの地区優勝を果たし、一旦チームの立て直しに成功しましたがすぐに崩壊。**2024年は近代MLBワーストのシーズン121敗を喫しました。**

ア・リーグ 西地区

■ヒューストン・アストロズ（2024年地区1位）

創設…1962年
本拠地…テキサス州（ダイキン・パーク）
優勝回数…地区13度、リーグ5度、WS2度（2017、22年）
オーナー…ジム・クレイン

1962年にナ・リーグの拡張球団「ヒューストン・コルト45's」として誕生し、当時から現本拠地。1965年に、世界初の屋根付き球場「アストロ・ドーム」が開場。1980年、のちに歴代1位の通算5714奪三振のノーラン・ライアンを獲得し、初の地区優勝を飾りました。1997〜1999年に地区3連覇を果たすなど徐々に力をつけ、2005年に初のWS進出。2013年のリーグ再編でナ・リーグ中地区からア・リーグ西地区へ移動。**2017年には、**首位打者3度・盗塁王2度のホセ・アルトゥーベや、カルロス・コレアらの活躍で**球団初のWS制覇**を成し遂げました。

2019年オフに「サイン盗み騒動」が大スキャンダルとなりましたが、**2022年には106勝56敗で地区優勝**し、2度目の世界一。初戴冠の2017年から7年連続でリーグ優勝決定シリーズに進出し、うち4度WSに進出。ア・リーグ編入後は黄金時代を築いています。

■シアトル・マリナーズ（2024年地区2位）

創設…1977年
本拠地…ワシントン州（T－モバイル・パーク）
優勝回数…地区3度、リーグなし、WSなし
オーナー…ジョン・スタントン

1977年球団拡張で現本拠地で創設。初代オーナーは喜劇役者のダニー・ケイら。**地区優勝3度、リーグ優勝はなく、残念ながら全30球団で唯一WSに進出したことがありません。**球団創設以来4年連続で負け越していましたが、1995年に地区初優勝。一時期本拠地移転話が持ち上がりましたが、1992年に任天堂が買収して阻止した経緯があります。

1989年にケン・グリフィーJr.がデビュー。1990年途中から父シニアが加入して**MLB史上初の親子同一球団**が実現しました。歴代2位の4875奪三振の左腕ランディ・ジョンソンは1989～1998年途中に在籍して活躍、MLBを代表する投手となる

〝原点〟の球団でもありました。

２００１年にシーズンＭＬＢタイ記録の１１６勝を挙げて地区優勝。この年は打点王ブレット・ブーンのほか、**ＭＬＢ史上初の日本人野手としてイチロー選手**がメジャーデビューし、いきなり首位打者、盗塁王、シーズンＭＶＰとアジア人史上初の栄冠を手にしました。２００４年のシーズン２６２安打は現在もＭＬＢ歴代１位の記録です。チームとしては近年、投手育成が奏功して暗黒期を抜け出し、上位をうかがう存在になりました。

■テキサス・レンジャーズ（２０２４年地区３位）

創設…１９６１年
本拠地…テキサス州（グローブライフ・フィールド）
優勝回数…地区７度、リーグ３度、ＷＳ１度（２０２３年）
オーナー…レイ・デービス

２０２３年はワイルドカードでプレーオフを勝ち上がり、ＷＳでは史上３度目の「ワイルドカード対決」を制し、**１９６１年球団創設以来初の世界一**となりました。

2011年WSでも世界一になれるはずでした。3勝2敗で世界一に王手をかけ、第6戦で「あと1球」のところまで2度も迫るも敗れて逆王手をかけられ、結局は第7戦も敗れるという悪夢がありました。2023年はこの悪夢を払拭した格好です。

当初は1961年球団拡張で第二次ワシントン・セネタースとして、本拠地ワシントンD.C.で設立。1972年から現本拠地、現球団名に変更。球団創設以来泣かず飛ばずの時期が続きましたが、1990年代後半はファアン・ゴンザレス、イバン・ロドリゲスら強力打線を武器にプレーオフに3度進出。近年は積極的な大補強で大変身しています。

■アスレチックス（2024年地区4位）

創設…1901年
本拠地…カリフォルニア州（サター・ヘルス・パーク=暫定）
優勝回数…地区17度、リーグ15度、WS9度（1910〜11、13、29〜30、72〜74、89年）
オーナー…ジョン・フィッシャー

1901年、ア・リーグ創設とともにペンシルベニア州フィラデルフィアで誕生。19

55年ミズーリ州カンザスシティ、1968年にカリフォルニア州オークランドへ移転。つまり、北米大陸を横断したことになります。

創設初年はナップ・ラジョイが20世紀初の打撃三冠王。破天荒なエピソードが残る左腕ルーブ・ワッデルが1902年から6年連続で奪三振王を獲得しています。

1910年代に第一次黄金期を迎え、WSは3度制覇、「**10万ドルの内野陣**」と称賛されたそうです。1972〜1974年にはヤンキース以外のチームで初の3連覇を果たしました。1989年にはホセ・カンセコ、マーク・マグワイアを擁して世界一。2001年には当時のビリー・ビーンGM主導でセイバーメトリクスを利用し、徹底したデータ分析のよる編成改革を断行。強豪チームへ成長する**軌跡を描いた書籍が「マネー・ボール」**で、映画も大ヒットしました。

現在もアスレチックス出身の選手はボール球に手を出さない選球眼、出塁率などを重視する傾向があり、球団の根底には今も「マネー・ボール」的思想は流れていると思います。今季はサクラメントを暫定本拠地とし、2028年には、ファンに反対されながらもネバダ州ラスベガスへ本拠地を移転する予定です。

■ロサンゼルス・エンゼルス（2024年地区5位）

創設…1961年
本拠地…カリフォルニア州（エンゼル・スタジアム）
優勝回数…地区9度、リーグ1度、WS1度（2002年）
オーナー…アルテ・モレノ

ご存じ**大谷選手が2018〜2023年に在籍していた球団**です。1961年球団拡張で「ロサンゼルス・エンゼルス」として誕生。1965年「カリフォルニア・エンゼルス」、1997年「アナハイム・エンゼルス」など球団名が何度か変更され、2016年から現名称。当初はロサンゼルスが本拠地で、1966年から近郊のアナハイムへ移転しました。

1979年には、同年打点王、シーズンMVPを獲得したドン・ベイラーらの活躍で球団初の地区優勝を飾りました。2002年はワイルドカードから球団初のWS制覇。しかし2000年から19年間指揮を執ったマイク・ソーシア監督時代は確かな強さがあったのですが、2014年を最後にプレーオフから遠ざかっています。

レッドソックスやヤンキースなどで活躍したベーブ・ルース

NL
歴史・概要

ア・リーグより古い歴史のナ・リーグ ドジャースのライバルたちの歩み

ナ・リーグ 東地区

■フィラデルフィア・フィリーズ（2024年地区1位）

創設…1883年
本拠地…ペンシルベニア州（シチズンズ・バンク・パーク）
優勝回数…地区12度、リーグ8度、WS2度（1980、2008年）
オーナー…ジョン・ミドルトン

1883年にナ・リーグに現本拠地で加盟。2022年から2年連続で地区優勝をブレーブスに譲りながらも、プレーオフではそのブレーブスを撃破。昨季は13年ぶりの地区優勝を飾りました。

1964年は終盤まで首位も、10連敗の大失速でカージナルスに逆転優勝を許しました。1970年代は通算329勝左腕スティーブ・カールトン、本塁打王8度のマイク・シュミットらを擁し、1976年から地区3連覇。1980年にもこの2人の活躍でWS初制覇を飾りました。

2008年にも2度目の世界一。2010年に通算203勝ロイ・ハラディがブルージェイズから加入し、同年にシーズンで完全試合、プレーオフにノーヒッターを達成した史上初の投手になりました。**スター軍団となった近年は、ファンが熱い球団の一つ。**

■アトランタ・ブレーブス（2024年地区2位）

加盟…1876年
本拠地…ジョージア州（トゥルイスト・パーク）
優勝回数…地区23度、リーグ18度、WS4度（1914、57、95、2021年）
オーナー…テリー・マクガーク

1876年ナ・リーグ創設と同時に加盟し、当時の本拠地はボストン。1914年は首位ジャイアンツに15ゲーム差を巻き返してリーグ優勝、WSでもアスレチックスに4連勝し「**ミラクル・ブレーブス**」と呼ばれました。本拠地を転々とし、2017年に新球場オープンに伴い、現本拠地へ。1948年には左腕ウォーレン・スパーン、右腕ジョニー・セインの左右エースで合計39勝。1957年には、大砲ハンク・アーロンを4番に据えて2度目のWS制覇を果たしています。

サイ・ヤング賞4度受賞の名投手グレッグ・マダックスら三本柱を擁した1990年代から黄金時代を築き、1991〜2005年の15年間で14度の地区優勝。1995年には

3度目のWS制覇。近年も2018年から地区6連覇を果たし、2021年には4度目の世界一に輝いています。歴史的に名投手を生み出す素地があり、ここ最近の安定した強さの理由は選手との長期契約がうまく、チームのコアがしっかりしているから。**チームづくりのお手本的存在**といえます。

■ニューヨーク・メッツ（2024年地区3位）

創設…1962年
本拠地…ニューヨーク州（シティ・フィールド）
優勝回数…地区6度、リーグ5度、WS2度（1969、86年）
オーナー…スティーブ・コーエン

1962年、ナ・リーグ8球団が10球団へ球団拡張した際に誕生。何だかうまくいかない兆候は、初期にも表れていました。初代監督はヤンキースを長年指揮した名将ケーシー・ステンゲル氏でしたが、初年は近代MLBで当時ワースト120敗。しかも、4年連続100敗で退任しました。

しかし1969年、右腕トム・シーバーが25勝を挙げるなどチームは100勝を挙げて快進撃。一気にWSを初制覇し、「**ミラクル・メッツ**」と呼ばれました。1986年には、巨人でもプレーしたデービー・ジョンソン監督の下、投手陣は元祖「**ドクターK**」のドワイト・グッデン、打線では1979年シーズンMVPキース・ヘルナンデスらの活躍で2度目の制覇。王手をかけられた第6戦では、相手レッドソックスが延長10回にサヨナラ後逸。第7戦で世界一をもぎ取りました

名門ヤンキースの陰に隠れがちでしたが、近年は資産約数兆円規模で**MLBで最も裕福なオーナー**といわれるコーエン氏が資金を投入し、チーム編成は変化しつつあります。

■ワシントン・ナショナルズ（2024年地区4位）

創設…1969年
本拠地…ワシントンD.C.（ナショナルズ・パーク）
優勝回数…地区5度、リーグ1度、ワールドシリーズ1度（2019年）
オーナー…マーク・ラーナー

１９６９年、ＭＬＢ史上初の国際球団「モントリオール・エクスポズ」として誕生し、本拠地は長年カナダ・ケベック州モントリオールでしたが、２００５年に現本拠地へ移転しました。

１９７９年から3季連続地区2位で、１９８１年には初めてリーグ優勝決定シリーズに進出。打てる捕手ゲイリー・カーター、のちに打撃二冠のアンドレ・ドーソンらが活躍しました。

１９９１年には、通算２４５勝右腕デニス・マルティネスがドジャースを相手にＭＬＢ史上13人目の完全試合を達成。１９９４年はシーズン途中まで74勝40敗と首位独走も、ストライキでシーズン打ち切りに。なかなかＷＳに手が届きませんでしたが、２０１０年代に大型契約を連発した結果、**２０１９年に球団史上初の世界一**を果たします。２０２０年から4年連続最下位に沈みましたが、その間に集めた若手を中心に再建期の終わりへ着実に向かっています。

■マイアミ・マーリンズ（2024年地区5位）

創設…1993年
本拠地…フロリダ州（ローンデポ・パーク）
優勝回数…地区なし、リーグ2度、WS2度（1997、2003年）
オーナー…ブルース・シャーマン

1993年、ナ・リーグ12球団から14球団へ球団拡張した際に「フロリダ・マーリンズ」として誕生し、初代4番は元西武のデストラーデが務めました。2012年に現名称に変更。本拠地は**MLB全30球団で最南端に位置**します。**地区優勝はないにもかかわらずリーグ優勝、WSは各2度優勝。**1997年、ワイルドカードから勝ち上がり、当時MLB史上最速の球団創設5年目にしてWS初制覇。2度目の2003年もワイルドカードからの快進撃でした。基本的に資金が潤沢ではないため、過去には主力の高年俸選手を複数放出し、総年俸額を大幅に圧縮する「ファイアー・セール」を実施しました。2020年にはアメリカのプロスポーツ史上初の女性GMを起用するなど先進的な取り組みをしています。

ナ・リーグ中地区

■ミルウォーキー・ブリュワーズ（2024年地区1位）

創設…1969年
本拠地…ウィスコンシン州（アメリカンファミリー・フィールド）
優勝回数…地区7度、リーグ1度、WSなし
オーナー…マーク・アタナシオ

1969年に西海岸のワシントン州シアトルで「シアトル・パイロッツ」として誕生も、翌1970年には東海岸の現本拠地へ大移動。球団名の由来は地元産業の「ブリュワーズ（ビール醸造者）」。

WS未制覇5球団の一つで、ア・リーグ時代の1982年が最後の進出でした。197

0年代は低迷も、1981年に初の地区優勝。1974年から**看板スターのロビン・ヨーント、"The Ignitor（火付け役）" 1番打者ポール・モリター**らが活躍し、のちに2人は通算3000安打を達成しました。

1987年にはMLBタイ記録の開幕13連勝を飾るなど「**ブリュークルー（ビール軍団）旋風**」。1998年球団拡張に伴い、ア・リーグからナ・リーグ中地区へ。2018年以降は7季のうち地区優勝4度、プレーオフ6度進出。資金が豊富ではありませんが、**近年は投手育成を中心とした堅実な編成**が特徴です。

■セントルイス・カージナルス（2024年地区2位）

加盟…1892年
本拠地…ミズーリ州（ブッシュ・スタジアム）
優勝回数…地区15度、リーグ19度、WS11度（1926、31、34、42、44、46、64、67、82、2006、11年）
オーナー…ビル・デウィットJr.

1892年にナ・リーグに加盟し、当初から現本拠地。球団名を変更しながら、190

0年に現名称に。**WS制覇はナ・リーグ最多11度**を誇ります。球団創成期は三冠王2度、現在もMLBシーズン歴代2位の打率4割2分4厘（1924年）をマークしたロジャース・ホーンスビーらが活躍していました。1926年、指揮官となっていたホーンスビー監督の下、「殺人打線」と呼ばれた強力打線を看板とするヤンキースを撃破してWS初制覇を成し遂げました。

1920〜1930年代は、野手たちがスライディングでユニフォームを泥だらけにすることから、通称は「**ガスハウス・ギャング**」。1940年代には球団最大のスター選手、〝**ザ・マン**〟スタン・ミュージアル、右腕モート・クーパーらを擁し、3度の世界一に。2000年代もプレーオフの常連でしたが、2023年は33年ぶりの最下位。若手育成に方針を徐々に切り替え、再浮上を図っています。

選手たちには名門のプライド「**カージナル・ウェイ**」があり、泥くさく勝利を目指してプレーする基本姿勢が備わっています。

■シカゴ・カブス（2024年地区3位）

加盟…1876年
本拠地…イリノイ州（リグレー・フィールド）
優勝回数…地区8度、リーグ17度、WS3度（1907〜08、2016年）
オーナー…トム・リケッツ

1876年、ナ・リーグ創設と同時に加盟し、当時から現本拠地。シカゴにはホワイトソックスもありますが、カブスのほうが人気球団です。

黄金時代は1900年代初頭。MLBシーズンタイ記録の116勝を挙げた1906年からリーグ3連覇を果たし、1907年にはタイガースを破って初のWS制覇、そして翌1908年にはMLB初の連覇を飾りました。

当時は遊撃手ジョー・ティンカー、二塁手ジョニー・エバース、一塁手兼任のフランク・チャンス監督による「6―4―3」の併殺プレーがみどころで、「**ダブルプレートリオ**」として人気を博したそうです。投手では、トウモロコシ粉砕機で指先を負傷した右腕モーデカイ・ブラウンが1906年から6年連続20勝を挙げるなど、投打がかみ合う強さを誇っていました。

しかし、1945年を最後にWS進出からも遠ざかります。この低迷期は「**ヤギの呪い**」と呼ばれましたが、ようやく2016年にジョー・マドン監督の下、108年ぶりにWSを制して〝呪い〟を解きました。

■シンシナティ・レッズ（2024年地区4位）

創設…1881年
本拠地…オハイオ州（グレート・アメリカン・ボール・パーク）
優勝回数…地区10度、リーグ9度、WS5度（1919、40、75～76、90年）
オーナー…ロバート・カステリーニ

1869年、アメリカ史上初のプロ野球チーム「シンシナティ・レッドストッキングス」が誕生した地がオハイオ州シンシナティ。このチームはボストンへ移転し、のちのアトランタ・ブレーブスとなり、その移転後に現名称と同じ「シンシナティ・レッズ」が生まれましたが1880年に消滅。1881年に現在のレッズにつながる「シンシナティ・レッドストッキングス」が誕生し、1890年のナ・リーグ加盟を機に現在の球団名に変更されました。

1935年にMLB史上初のナイトゲームを開催。1970年代に黄金期を迎え、1975、1976年にはWSを連覇します。**のちに史上初の「両リーグでWS優勝監督」となったスパーキー・アンダーソン監督**の下、MLB歴代最多の通算4256安打のピート・ローズや、ジョー・モーガンらによる**強力打線「ビッグレッド・マシン」**で旋風を巻き起こしました。

1990年を最後にWSには進出できていませんが、2010年には**左腕アロルディス・チャプマンが105・1マイル（約169・1キロ）のMLB史上最速をマークして話題に。**近年は若手野手が徐々に成長し、まぶしい未来が待っていそうですが、2024年は相次ぐ故障者で苦戦しました。

■ピッツバーグ・パイレーツ（2024年地区5位）

加盟…1887年
本拠地…ペンシルベニア州（PNCパーク）
優勝回数…地区9度、リーグ9度、WS5度（1909、25、60、71、79年）
オーナー…ボブ・ナッティング

1887年ナ・リーグ加盟。当時から現本拠地、1891年から現名称に変更しました。1903年の第1回WSでボストン・ピルグリムス（現レッドソックス）に敗れましたが、1909年には打撃タイトルを総なめにしたホーナス・ワグナーを擁し、〝球聖〟タイ・カッブを擁するタイガースを4勝3敗で破り、初の世界一に輝きました。

1970年代にWSを2度制するなど、主砲ウィリー・スタージェルを中心に全盛期を迎えました。しかし、1979年制覇を最後にリーグ優勝もなし。1993～2012年に20年連続負け越しとなり、データ解析による**改革「ビッグデータ・ベースボール」**で2013年には負け越しをストップさせましたが、他球団が最新のデータ分析に取り組むなか、「ビッグデータ……」からの転換が遅れ、低迷が長期化。2024年は怪物右腕ポール・スキーンズがデビューし、今後球界のエースへ成長することが期待されています。

ナ・リーグ 西地区

■ロサンゼルス・ドジャース（2024年地区1位）

加盟…1890年
本拠地…カリフォルニア州（ドジャー・スタジアム）
優勝回数…地区22度、リーグ25度、WS8度（1955、59、63、65、81、88、2020、24年）
オーナー…マーク・ウォルター

1890年ナ・リーグ加盟。当時の本拠地はニューヨーク・ブルックリン。1958年にアメリカ大陸を横断して本拠地を現本拠地へ移転して現名称に。**リーグ優勝はナ・リーグ最多の25度。**

第二次世界大戦後から上位戦線に食い込み、**1947年にアフリカ系アメリカ人として20世紀初のメジャーリーガー、ジャッキー・ロビンソン**がメジャーデビューし、1940年代後半からのWS進出の常連に。1955年には打点王デューク・スナイダーらの強力打線を擁し、WSで宿敵ヤンキースを撃破。8度目のWS挑戦にして悲願の世界一となりました。

1954〜1976年**ウォルター・オルストン監督**時代は1960年代に機動力野球で黄金時代を築き、1976〜1996年**トミー・ラソーダ監督**時代はWS2度制覇。1995年には**日本人メジャーリーガーのパイオニア・野茂英雄投手**がデビューし、「**トルネード旋風**」を巻き起こしました。

資金力があり、選手市場の目玉選手をかっさらっていくため、ヤンキースと同様に〝新・悪の帝国〟ともいえます。**ドジャースの強みはお金だけではなく、育成力、分析力も兼ね備えていること**。大谷選手、山本投手が加入した2024年は4年ぶり8度目のWS制覇を飾っています。

■サンディエゴ・パドレス（2024年地区2位）

創設…1969年
本拠地…カリフォルニア州（ペトコ・パーク）
優勝回数…地区5度、リーグ2度、WSなし
オーナー…ジョン・サイドラー

1969年、ナ・リーグ10球団から12球団への球団拡張で誕生。チーム名の由来は、スペイン語で神父を意味する「Padre（パードレ）」。**WS未制覇5球団のうちの一つ**です。

球団創設1年目から6年連続最下位と船出は厳しいものでした。1984年、安打製造機のトニー・グウィンらを擁して初のリーグ優勝。1998年にもWSへ駒を進めましたが、ヤンキース相手に4連敗と完敗しました。近年はマニー・マチャド、ダルビッシュ有投手らと大型契約を結ぶなど、プレラーGMが積極的に補強しています。

■アリゾナ・ダイヤモンドバックス（2024年地区3位）

創設…1998年
本拠地…アリゾナ州（チェイス・フィールド）
優勝回数…地区5度、リーグ2度、WS1度（2001年）
オーナー…ケン・ケンドリック

1998年にMLB28球団から30球団への球団拡張でレイズとともに誕生。当初から現本拠地。1999年には早くもシーズン100勝で地区初優勝、2001年にはWS3連覇中のヤンキースを下し、**MLB史上最速の球団創設4年目にして世界一**の座に就きました。1999～2004年は歴代2位の通算4875奪三振の左腕ランディ・ジョンソンがおり、通算5度受賞したサイ・ヤング賞を在籍時に4度受賞。通算216勝右腕カート・シリングも2001年に最多勝を獲得し、WSでは2人でMVPを獲得しました。

2023年WSはレンジャーズに敗れはしましたが、ともにワイルドカードからの勝ち上がりで頂上決戦。**チーム再建が終わり、充実の時を迎えようとしています。**

■サンフランシスコ・ジャイアンツ（2024年地区4位）

創設…1883年
本拠地…カリフォルニア州（オラクル・パーク）
優勝回数…地区9度、リーグ23度、WS8度（1905、21〜22、33、54、2010、12、14）
オーナー…グレッグ・ジョンソン

1883年ナ・リーグ加盟。当初はニューヨークを本拠地とし、1885年「ニューヨーク・ジャイアンツ」に。1958年には北米大陸を横断し、現本拠地へ移転。球団名も現名称となりました。

1900年代初頭は万年最下位状態でしたが、1902年に就任したジョン・マグロー監督の下で躍進。1905年には通算373勝のクリスティ・マシューソン、同246勝のジョー・マクギニティの両右腕らの活躍でWS初制覇を飾りました。1950〜1960年代は万能外野手ウィリー・メイズ、強打者のウィリー・マッコビーら数々のスター選手を輩出。1964年には、**日本人メジャーリーガー第1号の村上雅則投手がデビュー**しています。

一時低迷期を迎えますが、**2001年にバリー・ボンズがMLBシーズン歴代最多73本塁打**を放ち人気が再燃。2010年代にはWSを3度制覇しています。ドジャースの天下が続く西地区で、2021年は9年ぶりの地区優勝を飾り、ライバルの意地をみせました。

■コロラド・ロッキーズ（2024年地区5位）

創設…1993年
本拠地…コロラド州（クアーズ・フィールド）
優勝回数…地区優勝なし、リーグ1度、WSなし
オーナー…ディック・モンフォート／チャーリー・モンフォート

1993年に現本拠地で誕生。同年の観客動員数はすさまじく、当時の本拠地球場マイル・ハイ・スタジアムに詰めかけた約448万人は史上最多のシーズン観客動員数となりました。現在の本拠地球場は標高が高いところに位置し、「**打者天国**」と呼ばれています。

WS未制覇5球団のうちの一つ。唯一のWS進出となった2007年は、昨季オリオー

ルズでメジャーデビューしたジャクソン・ホリデーの父、**マット・ホリデーが首位打者、打点王を獲得。シーズンのラスト15戦で14勝を挙げてワイルドカードを獲得し、地区シリーズ、リーグ優勝決定シリーズを無敗で勝ち上がり、WSに初進出しました。**近年は編成が思うように進まず、地区内で低迷しています。

MLB用語〜データ編

内容	用語	内容
投手・打者	WAR	その選手が代替可能選手と比較してチームの勝利数を何勝分上積みしたのか
打者	EV	打者が放った打球の初速
	Max EV	打者が放った打球初速の最速
	バレル	打球速度と角度で長打の確率が高い組み合わせ
	バレル率	バレルゾーンの打球を打つ割合
	wRC+	平均的な選手を100として換算する攻撃力の総合指標
	wOBA	1打席あたりの打撃の得点貢献度
	xwOBA	打球のコンタクトを加味した1打席あたりの打撃貢献度
	Bat Speed	打者がスイングするバットのスピード
	Squared-Up	打者がどれだけボールを芯でとらえたかを示す指標
守備	OAA	平均よりもどれだけ多くのアウトを奪うことに貢献したか
投手	WHIP	1イニングあたり何人の走者を許したか
	FIP	守備に左右されにくい投手個人の能力指標
	K/9	9イニングあたりの奪三振数
	K/BB	奪三振と与四球の比率
	K%	対戦打席に対する奪三振の割合
	BB%	対戦打席に対する与四球の割合
	K%-BB%	1打席あたりで与四球と比較した奪三振の比率
	QS	先発投手が6回以上自責点3以内
	xERA	xwOBAを投手の防御率スケールに変換したもの

情報収集

玉石混淆のＭＬＢ情報源はコレで丸わかり！

■質の高い情報を取りにいくには

ＭＬＢの情報を日々追ううえで、私が使用している情報ソースをいくつかご紹介します。左ページの一覧表にお薦めサイトとその概要をまとめました。ＭＬＢの情報は玉石混淆で、最近はフェイクニュースやなりすましアカウントも多く、正確で質の高い情報を自分で取りにいくことが大事です。

信頼度が高い公式サイト「**MLB.com**」は各球団の番記者がつづる情報が豊富で、私が毎朝必ずチェックする老舗サイト「**MLB Trade Rumors**」は移籍関連などの情報が豊富です。**成績や記録を確認する場合は「Baseball Reference」、スタットキャストを基にしたデータ系の数値を調べる場合は「Baseball Savant」が必須。**なかでも、**「Baseball Reference」の有料サービス「STATHEAD」**ではニッチなデータ集計も簡単に深掘りできるので、私も重宝しています。

お薦めの情報収集先

内容	メディア	概要
公式	MLB.com	各球団に番記者、歴史やトリビアも充実
	MLB.tv	各球団ほぼ全試合をライブ観戦できる
	MLB.jp	公式の日本語サイト。日本語で読むならココ
愛用	MLB Trade Rumors	老舗サイト。移籍、負傷情報が充実
スポーツ関連メディア	ESPN	アメリカ大手のスポーツメディア
	CBC Sports	アメリカ大手のメディア
	FOX Sports	アメリカ大手のスポーツメディア
	The Athletic	ニューヨーク・タイムズ紙のスポーツ部門
	本拠地の地元紙	密着度が高い取材で濃厚な情報も
成績記録	Baseball Reference	老舗サイトで、MLB歴代全選手の成績や記録、表彰
	Baseball Savant	2015年以降のトラッキングデータが充実
	FanGraphs	各種指標、分析記事に強み
契約	Spotrac	選手の契約内容を調べるのに有効。過去データもあり
	Cot's Baseball Contracts	選手の契約について細かい内容も網羅
	Baseball America	プロスペクト情報充実も、年間購読料が高め
	MLB Pipeline	公式が運営するプロスペクト情報
記者	ジェフ・パッサン	ESPN所属
	ケン・ローゼンタール	The Athletic所属
	ジョン・ヘイマン	アメリカタブロイド紙「ニューヨーク・ポスト」所属
	マーク・フェインサンド	公式「MLB.com」所属

MLB用語

「ぜいたく税」総額は史上初の3億ドル突破 史上最多の9球団が課税対象に

■ドジャース独り勝ちの冬が労使交渉の火種に？

大谷選手のドジャース移籍で「ぜいたく税」「後払い」が話題となりました。その**「ぜいたく税」は各球団の戦力均衡、格差是正のために導入され、2003年シーズンから現在に近い制度に**なりました。年ごとに年俸総額の基準額を設け、それを超過した場合にオーバーした金額に応じて段階的に課徴金を科せられる制度です。

加えて、毎年のように超過していると税率が上がり、**超過分に対して1年目は20％、2年連続は30％、3年以上連続すると50％が課税対象に。**さらに、**基準額を超過すると、2**

000万ドル（約31億円）、4000万ドル（約62億円）、6000万ドル（約93億円）の壁を突破するごとにさらに課税されます。

2024年の基準額は2億3700万ドル（約367億4000万円）。超過分が大きい順にドジャース、メッツ、ヤンキースなどの**史上最多9球団が対象**に。**トップのドジャースは4年連続で超過**したため史上最高額の1億3000万ドル（約159億7000万円）が課され、**9球団の総額は初めて3億ドル（約465億円）の大台を超え**ました。

徴収したぜいたく税は、まず350万ドル（約5億4000万円）が選手の福利厚生の基金へ充当されます。残額の50％は選手の年金基金、もう50％はコミッショナー裁量の機密費となる。この機密費は今回、2022～2023年の放映権収入が大きく減少した球団に対し、最大1500万ドル（23億3000万円）が分配されることになっています。

2025年は基準額が2億4100万ドル（約373億6000万円）に引き上げられますが、**この冬のFA市場を制したドジャース、メッツ**にとっては、まさに「払えばOK」状態です。来オフに予定される労使交渉では、サラリーキャップ制の導入も論議される見通しで、どうやらもめることになりそうです。

MLB用語～移籍市場編

内容	用語	概要
移籍市場	プロスペクト	メジャー出場がほぼない若手有望株選手。トレードの有効な対価となるため、球団にとって資産ともいえる
	サービスタイム	アクティブ・ロースターの通算在籍期間
	DFA	選手をMLBのロースターから即時外す措置
	マイナーリーグ・オプション	原則3度まではウェーバーを介さずにマイナー降格できる制度
	アウトライトウェーバー	主にオプションが残っていない選手をマイナー降格させる措置
	トレードデッドライン	毎年7月末～8月初旬に設定されるトレード可能期間の期限
	FA	どの球団とも選手契約を結ぶことのできる選手の権利
	クオリファイング・オファー	FA選手にMLB上位125人の平均年俸額で単年オファーすること。選手が拒否して移籍した場合には移籍元にドラフト指名権補償
	ノンテンダー	球団から翌年の契約提示を受けずにFA状態になること
	ルール5ドラフト	マイナー選手の飼い殺しを防ぐNPBの現役ドラフトのベースになった制度
	ぜいたく税	戦力均衡を目的に各球団の総年俸額に一定の上限を設け、超過分に対して課徴金を徴収する制度。戦力均衡を目的としたもので、回収した課徴金は選手の年金・福利厚生のほか、分配金の財源となる
	年俸調停	球団の提示額と選手の希望額が折り合わなかった場合に、調停員がどちらの主張に分があるかを判定し、いずれかの金額に決める
	後払い	契約期間内の年俸支払額の一部を、契約期間終了後に支払いを回すこと。この場合、ぜいたく税の対象額はインフレを考慮した現在価値の金額に基づく
	オプション	契約終了後の翌年について、契約続行か否かを決める権利のこと。選手オプション(選手側に選択権)、球団オプション(球団側に選択権)、相互オプション(両者が行使した場合に有効)に大別される
	オプトアウト	選手側から契約を途中で破棄する権利のこと。オプトアウトした場合は契約を結び直したり、FAとなる。長期契約によく盛り込まれる
	バイアウト	オプション破棄時に選手へ支払われる解約金

第5章

日本選手の活躍とWSの行方

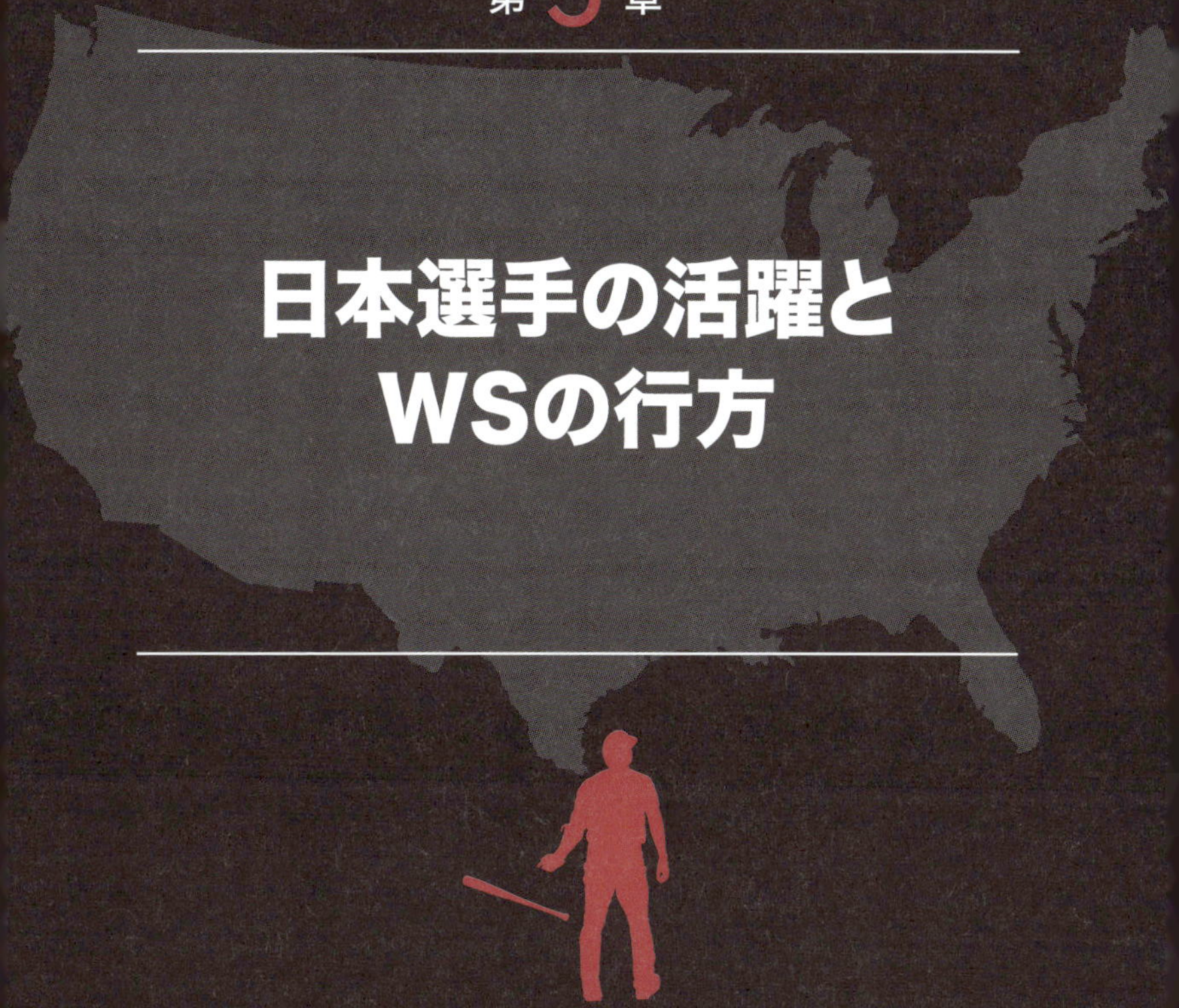

朗希の
活躍予想

開幕ロースターの可能性は大
朗希育成の「最適解」とは

■全方位交渉は「就活」なら当たり前

佐々木投手が1月に各球団と交渉を始めてから、ファイナリストがドジャース、パドレス、ブルージェイズと報道されるようになりました。同17日にはパドレスが撤退という話が出て、私はそれらの情報を日本時間の夜中に見ていました。

ドジャースとブルージェイズなら、もろもろの条件を含めてどう考えてもドジャースじゃないですか。これは朝起きたら、もうドジャースに決まっているかなと思って眠りにつきました。

でも、起きて携帯電話でニュースを見ても、まだ決まっていなかった。寝ている間の動きをおさらいしていると、ブルージェイズが追加のボーナスプール、つまり佐々木投手のような国際FA選手の契約金に使えるお金の枠をトレードで獲得したというニュースが出ていました。

「まさかのブルージェイズなのか！」という淡い期待を持った矢先に、佐々木投手の本人公式Instagramの「ドジャースに入ります」という投稿が流れてきて知りました。

前オフの大谷選手のドジャース移籍時も、「カナダ・トロント行きの航空機に搭乗した」などというフェイクニュースが流れて肩透かしを食らっていたので、**ブルージェイズは「2年連続で不憫《ふびん》」**という感じでしたね。

落ち着くところには落ち着いたと思いますが、代理人のジョエル・ウルフ氏は、交渉の過程でミドルマーケット、スモールマーケットにもチャンスがあるような発言をしていましたよね。過度に注目されない環境でもいいんじゃないかという。

その後、面談に進んだチームはビッグマーケットばかりだったので、**あの代理人の発言には正直、本気度はあまりなかったのだろう**と推察します。**就職や転職活動でも、一番行きたい会社とだけ面接するなんてことはあるわけない**じゃないですか。本命のドジャースに行きたいという気持ちはあるにせよ、ＦＡを取る６～７年後まで、さまざまな球団と話せる機会はない。ですから、自身に対する評価や各球団の状況を知るためにも話を聞けるなら聞きたいという、自然な思いだったのではないでしょうか。

メンタルが弱いと言われたりしていますが、どう考えてもメンタルは弱くない。２０１１年東日本大震災でお父さんを亡くされて、そこから誰もが注目する高校野球の選手になり、ドラ１でロッテに入団して、将来はメジャー移籍だとずっと言われながら歩んできている。そもそも、一流の野球選手の時点でメンタルが弱いはずがないですよね。

弱いのではなく、**人と価値観が違うという印象は受けます。**震災の影響もあると思います。人はいつ死ぬかわからないという経験を肌で感じたことで、たとえ周囲にネガティブな反応を生み出すことになっても、必ず良い結果が出るとは限らなくても、自分がやりたいこと、突き進みたい道へ進路をとる選手なのだと思います。

現在、佐々木投手はMLBナンバーワンプロスペクトという評価です。23歳で海を渡り、ケガの発生を最小限に抑えられたら、**殿堂入りを目指せるくらいの結果が出る才能**は持っているでしょう。

■投手三冠クリス・セールも細身

メジャーへ行くには線が細いと言われていますが、**昨季投手三冠でサイ・ヤング賞を受賞した左腕クリス・セールもやせ型**です。デビュー当時からスリムで、「いつかケガをする」と言われながら、30代に入るまで200イニング前後を毎年のように投げていました。

体がガッチリしているほうが先発投手として長く活躍できることはあると思いますが、

線が細いからダメということではないのかも。ＭＬＢのハードなスケジュールへの適応など課題はありますが、現時点で線が細いからといって、ケガしがちなキャリアが待っているとは必ずしもならないようには感じます。

ＮＰＢでは一度も規定投球回に満たずにメジャーリーグへ行くことになりました。１年間で一定以上のワークロードをあまり担ってこなかった点は、たしかに気になりはします。

ただ、**今のメジャーは先発のイニング数も短くなっていますし、２００イニング投げるほうがむしろ超珍しいくらいの時代**。球団としても、今の佐々木投手の場合１００〜１５０イニングほど投げられれば上出来と捉えていると思います。

一番に健康を念頭に置くでしょうから、いきなり規定投球回を超えて１８０、１９０、２００イニングなどは球団もまったく考えていないと思います。

「投手・大谷」も復帰しますし、ドジャースはそのときに先発を６人ローテにシフトする。登板間隔もある程度確保しながら、毎先発５〜６回ほど投げることがまずは目安となるでしょうか。

個人的には、ドジャースじゃないほうがスポンサー契約などの面では目立ったのではないかと思います。先日読んだ記事に、ドジャース・山本由伸投手とメッツ・千賀滉大投手では、エンドースメント契約において千賀選手のほうが上であるという関係者の話を紹介していました。山本投手は、同じチームに大谷選手がいることで、どうしても注目度が分散されてしまうと。

ドジャースには大谷選手、そして山本投手もいるわけで、1球団に日本人選手が1人いる場合よりも、ちょっと陰に隠れるというか、スポンサー契約面では損をするかもしれません。

私としては、愛するマリナーズもお薦めではありました。佐々木投手は港町の岩手県陸前高田市出身。シアトルも港町ですし、日本人が多く、日本の食材を売っているスーパーも普通にあります。

マリナーズに今はMLBレベルで日本人選手が所属していませんが、イチローさんが長年在籍していましたから、日本人の扱いもわかっている。同じチームに複数の日本人選手がいるよりも、1人のほうがスポンサー契約がしやすい。地元のメディアもそんなに厳しくはない。

さらに、投手育成が得意です。先発ローテの5人はMLBのなかでもトップレベルが並んでいます。条件は揃っているんだよなとは思いますが、佐々木投手との面談にすら進めなかったという話を聞く限り、そもそも眼中になかったんだろうなとも思いました。

■現在のMLB起用法は朗希にマッチしている

佐々木投手が入れば、日本人投手が先発ローテに3人。すごいことですよね。日本の投手のレベルが高いという証しでもあります。

2000年代から高評価されていますが、その**評価が一段階上がり、MLBのトップクラスと同等の評価を受けるように**なってきました。だから前オフ、山本投手は大型契約を結ぶことができたわけです。

佐々木投手も、もし25歳までメジャー移籍を待てば、山本選手と同じ12年総額3億25

00万ドル（当時約462億円）とはいかなくても、それに近い額は得ていたでしょう。今回は25歳ルールの縛りがあり、契約金は650万ドル（約10億円）。開幕メジャーだったとしても、3年目まではリーグ最低年俸となり、今季は76万ドル（約1億2000万円）。順調にキャリアを積み重ねて最速2028年に年俸調停の資格を得れば、以降は大幅な昇給が見込め、FA時には大型契約も期待できるでしょう。

起用法としては、まずは先発でしょうね。先発とリリーフでは市場価値に開きがありますし、担当するイニング数が違うので、**まずは先発として育てることが第一義**。それで結果的に難しければブルペンです。先発ローテに入るなら、ドジャースは中5日もしくは6日で回す配慮はしてくれるはずです。

今は、先発投手が5回を無失点または1失点で抑えてくれたほうがいいという時代。**長いイニングを投げるために出力を落とす必要はありません**。

純粋な先発投手は貴重ですし、やはりケガをされると困る。100球に満たず90球目安で降板させることもよくあります。ほかにも、投手は打者3巡目以降になると、顕著に成績が落ちやすいというデータがあり、「周回効果」の考え方としても、3巡目に入る前に降板させてもいい。

持っている才能、投げているボールはMLBでもトップレベルです。私は1年目から活躍すると思っています。それこそ、昨年の新人王であるパイレーツのスキーンズのような活躍に期待したい。今のメジャーリーグの20代前半世代で、スキーンズに並ぶ、ないし超えうる存在は佐々木投手だけでしょう。

開幕ロースターにも入ってくるでしょう。一方でメジャー昇格を遅らせると、FAの取得が1年遅れるので、編成のことだけを考えればそのほうがベストです。

今のメジャーは、開幕からトッププロスペクトをロースターに入れておき、その選手が新人王を獲ったり、3年以内にMVPやサイ・ヤング賞投票3位以内に入ったりなど活躍すると、ドラフト指名権がもらえます。これを「プロスペクト・プロモーション・インセンティブ」と呼びますが、ドジャースは佐々木投手でそれを狙いにいくでしょう。よほどのことがない限り、開幕ロースターは確定だと思います。

佐々木朗希（ドジャース）

日本人選手
活躍予想

今永・菊池は先発の柱に
日本人右打者で成功した誠也

■今永成功の秘訣はアメリカのカルチャーになじんだこと

昨季メジャーリーグの日本人選手で、大谷選手の次に活躍できたのは、メジャー1年目をカブスで迎えた今永昇太投手でしょう。開幕前は、山本投手以上のピッチングをみせると想像していた人は少なかったのではないでしょうか。山本投手を差し置いて、オールスターにもいきなり初出場したのですから。

カブスは伝統のあるチームですし、シカゴという大都市ならではの厳しさもあると思いますが、あれだけ愛されるのは本人のお人柄。**最初からアメリカの環境に自分から入って**

いこうという姿勢が非常によかった。

日本でもそうですよね。外国人選手が日本のカルチャーに合わせたほうがうまくいく。野球選手に限らず、お手本のような新天地へのなじみ方、入り方をしているなと思います。

2023年WBCのときから、スピン量がかなり話題になりました。そこがMLBでも武器になっています。**高めにスピンの効いたフォーシームを投げて、ゾーン低めにスプリット。ゾーンの高低をかなりうまく使い、シーズン序盤はほぼ敵なしで、ほぼ打たれなかった。**さらにピンポイントに投げたいところに投げられていたのもよかったですね。5月18日時点で防御率は驚異の0・84でした。

メジャーリーグにおいて、日本人選手は全盛期。今季は主な日本人選手で16人が在籍することになりました。絶対数としては、2005年の16人などが過去にもありましたが、大谷選手に限らず、ハイレベルな活躍をしている選手が多い。村上雅則さんが日本人メジャーリーガー第1号となって61年。**今、日本人の活躍がこれまでにないピークを迎えています。**「イチロー・松井時代」で一時ピークアウトした感がありましたが、そこからさらに比べ物にならないぐらいのヤマがまた来ています。

■日本人右打者では大成功の鈴木誠也

同じくカブスの鈴木誠也選手は今季、メジャー4年目に臨みます。打線の中心になって、**安定した成績を残せていることは本当にすごい。**昨季は本塁打、盗塁、OPSがメジャー移籍後キャリアハイ。**日本人の2年連続20本塁打は、**松井秀喜さん、大谷選手に次いで史上3人目ですが、**右打者では鈴木選手が史上初。**鈴木選手はメジャーでも、この水準の成績を残せるということを証明してきました。

スポットライトの浴び方は、「大谷翔平時代」に生きているので不憫なところはありますが、過去にメジャーリーガーとなった日本人野手を見渡しても、かなり上位の部類。MLB全体でもOPS・848はリーグ8位です。

MLBのなかでもしっかり打っている選手ですし、これだけ打撃でやれる日本人野手が、大谷選手を除いても出てくるのだと率直に思います。

■ドジャース打線を最も苦しめたダルビッシュ

7年間を過ごしたNPBよりも長く、MLB移籍後は今季で14年目を迎えるダルビッシュ有投手。それだけ長年にわたり、第一線で活躍しているわけです。

昨年地区シリーズでは、ドジャース打線をきりきり舞いさせました。第2戦で7回3安打1失点、最終戦となった第5戦も6回2／3を2失点と好投しています。

投球の引き出しの多さに加え、高次元な投球術。ドジャース打線を苦しめました。

昨季途中には、シーズン中に異例の長期休養をはさみました。家族の事情とのみ発表されていましたが、球場に行って練習をすることなどが困難な状況だったようです。パドレスのプレラーGMは負傷者リスト入りすることで年俸を受け取ることを提案したようですが、ダルビッシュ選手はこれを固辞したことも報道されています。何らかのケガや体調に問題があったのだとも思います。

いずれにしても、ポストシーズンの活躍をみれば、8月に39歳となる今季も、衰え知らずの活躍をみせてくれるに違いありません。

■吉田は昨季後半戦の打撃で活路を

日本の安打製造機、吉田正尚選手は苦しい時期に入りました。チーム事情と守備力を示す指標が大幅にマイナスであることから、レッドソックスではDHでの出場に限定されるようになりました。

レッドソックスは2022年オフ、5年総額9000万ドル（約140億円）で契約しましたが、現段階では「獲得してすごくよかったよね」ということにはまだなっていません。

むしろ、何かと失敗の多いレッドソックスの大型契約の一つに数えられ始めている節すらあります。代表的な例に、2009年首位打者ハンリー・ラミレスや2012年WSMVPのパブロ・サンドバルとの契約などがありますが、かなり厳しい見られ方をしています。

このオフに右肩を手術した吉田選手は正念場。**DHとして、昨季後半戦くらいの打撃を**

通年で残せれば、文句のつけようがなくなるとは思います。

■ 菊池はエンゼルスでエース待遇

菊池投手は昨季途中にアストロズへ移籍して開眼しましたよね。オフにエンゼルスへエース待遇で移籍した今季、あのエンゼルスを変えるかもしれません。

チームは**昨季99敗しましたが**、本当に言葉通りコンテンダーを続けるのであれば、かなり補強しないといけない冬でした。するとオフが始まって早々、ブレーブスとのトレードで長距離砲のホルヘ・ソレアを連れてきました。これは明らかに勝ちにいく動き。菊池投手も先発の柱として期待されている。もとは99敗したチームなので、いくら補強したとはいっても、けっして平坦な道のりとはならないでしょうけれど、大谷選手が成し得なかった「エンゼルスのプレーオフ進出」をかなえてくれるかもしれません。

タイガースの前田健太投手は昨季、先発としてはうまくいきませんでした。**ロングリリーフの役割がハマりそう**です。そこを足掛かりにもう一度先発でやれればいいのですが、今季も昨年の前半戦のような状態であれば、6~7月には放出されるかもしれません。

■藤浪は「投手王国」で目覚めることができるか

最近の日本人投手の動向で最も驚いたのが、藤浪晋太郎投手がマリナーズとマイナー契約を交わしたことでした。マリナーズが藤浪投手タイプを獲得したことが意外だったんです。たしかにリリーフの改造にも定評はあるのですが、もともとチームの信条としてストライクゾーン管理をかなり重視している。そこにボールに威力はあるけれど、コントロールがかなりアバウトな投手が来るわけです。

マイナー契約なのでチームにとってリスクはありませんが、「何か新しいプロジェクトが始まったのかな」と思うほど、これまでマリナーズではあまり獲得してこなかったタイプです。

昨季は7月以降、マイナーで徐々に調子を取り戻していたので、マリナーズとしてはそこそこストライクを投げられる状態にしつつ、あとは持ち前のパワーを存分に生かし、支配的なピッチングをしてもらいたい。化ける可能性はあるでしょう。

マイナー契約の場合、通常はスプリングトレーニングが終わって開幕ロースターに入れなかったら契約を破棄して、他球団との契約を模索する。でも、藤浪投手がもう少しマリナーズで指導を受けられるのだったら、意外と芽が出るかもしれない。

藤浪選手はデータを意識するほうで、その知識や今のトレンドを理解されているイメージがあります。**マリナーズもデータに基づいて新たな視点をアドバイスしてくれるチームなので、これまで所属した球団では見つけることができなかった何かを探し出し、藤浪投手が納得して実践してくれたら、良い方向に進めるかもしれません。**

※MLB公式より

	投球回	打者	被安打	被本塁打	奪三振	与四球	与死球	失点	自責点	防御率
	173 1/3	694	149	27	174	28	3	66	56	2.91
	175 2/3	736	167	25	206	44	2	85	79	4.05
	90	368	78	7	105	22	1	32	30	3.00
	81 2/3	331	65	12	78	22	3	32	30	3.31
	112 1/3	485	124	22	96	31	5	80	76	6.09
	5 1/3	20	2	1	9	1	1	2	2	3.38
	4	16	2	0	3	2	0	1	1	2.25
	62 2/3	257	46	8	69	27	0	27	26	3.73

※MLB公式より

	三塁打	本塁打	打点	得点	四球	死球	三振	盗塁	打率	出塁率	長打率	OPS
	7	54	130	134	81	6	162	59	.310	.390	.646	1.036
	6	21	73	74	63	6	160	16	.283	.366	.482	.848
	0	10	56	45	27	14	52	2	.280	.349	.415	.764

MLB 日本選手 2024 年成績（投手）

名前	チーム	登板数	勝敗
今永昇太	カブス	29	15勝3敗
菊池雄星	ブルージェイズ/アストロズ	32	9勝10敗
山本由伸	ドジャース	18	7勝2敗
ダルビッシュ有	パドレス	16	7勝3敗
前田健太	タイガース	29	3勝7敗1ホールド
千賀滉大	メッツ	1	1勝0敗
上沢直之	レッドソックス	2	0勝0敗
松井裕樹	パドレス	64	4勝2敗9ホールド

MLB 日本選手 2024 年成績（打者）

名前	チーム	試合数	打席	打数	安打	二塁打
大谷翔平	ドジャース	159	731	636	197	38
鈴木誠也	カブス	132	585	512	145	27
吉田正尚	レッドソックス	108	421	378	106	21

PS予想

WSは2年連続名門対決か ソト加入のメッツ、激戦ア中地区にも注目

■ソトの穴を見事に埋めたヤンキース

ア・リーグでは、昨年WSで敗れた**ヤンキースがやはり高確率**でプレーオフに進出するでしょう。メッツに移籍したソトが抜けましたが、投打にわたって補強を進めてきました。チームのバランスとしては悪くないと思います。

投打の柱であるコールとジャッジが健康であるかがカギ。2023年はジャッジが1〜2カ月不在の時期があり、その間のチームは非常に苦しかった。**ジャッジがいるかどうか、そして成績を残すかは重要**です。

中地区は引き続き激戦区でしょう。昨季プレーオフには両リーグともにサプライズチームが上がり、ア・リーグでは夏ぐらいには分が悪かったタイガース。その要因となったのは同地区の雄・ツインズです。

ツインズは8月中旬まではプレーオフ進出確率が90％以上で、ワイルドカード圏外までかなりのゲーム差をつけていたのに、ラスト39試合で12勝しかできず、タイガースに猛追されました。昨季地区優勝のガーディアンズ、進境著しいロイヤルズの**上位4チームの争いは面白くなりそう**です。

西地区にはチャンスがあります。**アストロズ一強の「王朝」にかげり**が見えるなか、昨季**プレーオフにあと1勝届かなかったマリナーズ**も、昨季途中に就任したダン・ウィルソン監督の下、シーズン終盤に見せてくれた野球を開幕から続けてほしいところ。**2023年世界一のレンジャーズ、若手がよりどりみどりのアスレチックス、補強したエンゼルス**にも躍進を期待したいです。

ナ・リーグではメッツの注目度が俄然アップしています。昨年プレーオフ進出のナ・リーグサプライズチームでもありました。

昨年のメッツは、今季以降に向けてブリッジイヤーになるのかなと思っていたら、思いのほか戦えていました。夏のトレードデッドラインでも、本当は売りたい選手が複数いたと思いますが、売らずにプレーオフ進出を狙うほうへ舵を切った。シーズン最後のブレーブスとのダブルヘッダーでプレーオフにぎりぎり滑り込み、ブリュワーズとのワイルドカードシリーズも、9回表2点ビハインドで、負けたら終わりの状況からアロンソの逆転3ランが飛び出した。地区シリーズも勢いは止まらず、リーグ優勝決定シリーズでドジャースと対戦するところまでこぎつけました。

今季は、ヤンキースからソトを獲得したので、打線がより強力になる。同じ東地区では昨季地区優勝のフィリーズ、強豪ブレーブスももちろん強敵ですが、今年のプレーオフではドジャースと2年連続対決もあるかもしれません。

中地区は、2年連続地区優勝中のブリュワーズが今季も独り旅になりそうです。タッカーを補強したカブスにも目がありますが、故障者が少なければレッズにも可能性あり。育成に方向転換したカージナルスは厳しそう。

西地区はもう、**ドジャース一強時代**が続いています。しかも、このオフはスター選手を集めてきました。昨季最大のライバルだったパドレスは補強が進まず、今季は厳しいかもしれません。バーンズの志願移籍でファンをほっこりさせた**ダイヤモンドバックスは戦力が揃っているので、地区では「打倒・ドジャース」の筆頭**になり得ます。チーム愛が強いオーナー、ケンドリック氏が喜ぶ姿も見たいですね。

とはいえ、戦力だけみればドジャースがWS進出の筆頭候補。1998～2000年ヤンキース以来の連覇を目指すことになりそうです。

■朗希の東京開催2戦目デビューを期待

3月18、19日にはドジャース－カブスの開幕戦（東京ドーム）が行われます。**佐々木投**

手はここでデビューする可能性も。手術明けの大谷選手はもちろんDHでは出場すると思いますが、「投手・大谷」は開幕に間に合わない。**山本投手は開幕戦で投げそう**ですし、そうすると**佐々木投手と合わせて日本人2投手が母国のマウンドで投げる**ということは十分考えられます。

2019年、埼玉西武ライオンズからマリナーズへ移籍した菊池投手も東京開幕戦でメジャーデビューを飾りました。佐々木投手もあんな感じで華々しくデビューして雄姿を見せてくれたら、批判していた日本のファンもきっと味方になってくれると思います。

開幕2戦で「山本、佐々木」を期待する理由は、環境面も根拠です。**あまり投げたことがない先発投手を登板させるよりも東京ドームのマウンドを知っている2人に任せ、スネルやグラスナウはアメリカ本土での開幕に備えるという方式はアリ**だと思います。

実際、昨年の開幕カードでは山本投手が韓国・高尺スカイドームでデビューしましたが、1回5失点。投げたことのない球場でマウンドが合わない可能性はあるわけです。

佐々木投手のメジャー移籍で、日本でもメジャーリーグを観戦する人はさらに増えるでしょうね。開幕戦が日本開催ですし、露出度はどんどん上がっていく。「MLB観戦」の扉の前に立つ人たちが増え、大谷選手の活躍ですでにMLBに関心を寄せていた人たちはさらに詳しくなる。

きっと、試合を見ながら選手の成績を確認したり、人物像を知りたくなってエピソードを探してさまざまな媒体を読んだりするようになります。そして選手の動向や移籍を追うようになると、チームの個性が見えてきて、MLBの全体像も把握していく。どんどん知識が深まっていけば、試合に加えて選手の移籍市場にも面白味を感じるようになっていきます。

今後は日本でも「MLB観戦」を趣味として捉えていく傾向が強まっていくでしょう。本書が、これからMLBを深く楽しむための一助になれば幸いです。

メジャーリーグ
全30球団マップ
トロント・ブルージェイズ
クリーブランド・
ガーディアンズ
デトロイト・タイガース
ミネソタ・
ツインズ
ミルウォーキー・
ブリュワーズ
シカゴ・カブス
ボストン・
レッドソックス
ニューヨーク・
ヤンキース
カンザスシティ・
ロイヤルズ
シカゴ・
ホワイトソックス
シンシナティ・レッズ
ニューヨーク・
メッツ
セントルイス・
カージナルス
ボルティモア・
オリオールズ
ワシントン・
ナショナルズ
ピッツバーグ・
パイレーツ
フィラデルフィア・
フィリーズ
アトランタ・ブレーブス
テキサス・レンジャーズ
ヒューストン・アストロズ
マイアミ・マーリンズ
タンパベイ・レイズ

…アメリカン・リーグ
…ナショナル・リーグ
…西地区
…中地区
…東地区

※アスレチックスは 2024 年 11 月 4 日をもって、球団名から
地域名「オークランド」を外したため、それに準拠

監修者プロフィール

116 Wins

チャンネル登録者数約7万人の人気野球系 YouTube チャンネル「116 Wins」の運営を日々行う。MLB の最新の動向や特徴的な選手、珍記録など MLB にまつわるさまざまな情報を発信して人気を集めている。幼少期からシアトル・マリナーズを熱狂的に応援しており、その影響で関連の動画が多め。2022 年にマリナーズが 21 年ぶりのプレーオフ進出を決めた瞬間には YouTube 配信で号泣した。
https://www.youtube.com/@116Wins

STAFF

表紙／AIRE Design
本文デザイン・DTP／平田治久(ノーボ)
構成／丸井乙生(アンサンヒーロー)

MLB30球団戦略の教科書

メジャーリーグは移籍・補強が面白い

2025 年 3 月 20 日　初版第 1 刷発行

監　修	116 Wins
発行者	角竹輝紀
発行所	株式会社マイナビ出版 〒 101-0003 東京都千代田区一ツ橋 2-6-3 一ツ橋ビル 2F 0480-38-6872（注文専用ダイヤル） 03-3556-2731（販売部） 03-3556-2738（編集部） URL：https://book.mynavi.jp
印刷・製本	シナノ印刷株式会社

ISBN978-4-8399-8790-9
Printed in Japan